LA ESTRUCTURA INTERNA DEL TAI CHI

Tai Chi Chi Kung I

5ª edición: julio 2005

Título original: THE INNER STRUCTURE OF TAI CHI
Traducido del inglés por Víctor Hernández García
Ilustraciones: Juan Li & Michael Abbey
Diseño de portada: Editorial Sirio

© 1996, Mantak y Maneewan Chia
  Publicado en 1996 por Healing Tao Books
  P.O. Box 1194
  Huntington, NY 11743

© de la presente edición
  EDITORIAL SIRIO, S.A.   Nirvana Libros S.A. de C.V.   Ed. Sirio Argentina
  C/ Panaderos, 9   Calle Castilla, nº 229   C/ Castillo, 540
  29005-Málaga   Col. Alamos   1414-Buenos Aires
  España   México, D.F. 03400   (Argentina)

www.editorialsirio.com
E-Mail: sirio@editorialsirio.com

I.S.B.N.: 84-7808-224-7
Depósito Legal: B-32.625-2005

Impreso en los talleres gráficos de Romanya/Valls
Verdaguer 1, 08786-Capellades (Barcelona)

Printed in Spain

LA ESTRUCTURA

INTERNA

DEL TAI CHI

Tai Chi Chi Kung I

Mantak Chia y Juan Li

Prefacio por
Mackenzie Stewart

Ilustrado por
Juan Li y Michael Abbey

editorial Sirio, s.a.

Dedicado a todos
los practicantes del Tai Chi
donde quiera que se hallen

Sobre los Autores

Mantak y Maneewan Chia

EL MAESTRO MANTAK CHIA

El Maestro Mantak Chia es el creador del sistema del Tao Curativo y director de los Jardines del Tao, ubicados en el hermoso Norte de Tailandia. Desde su infancia estudió el enfoque taoísta sobre la vida. Su dominio de este antiguo conocimiento, complementado por sus estudios de otras disciplinas, dio como resultado el desarrollo del Sistema del Tao Curativo, que en la actualidad se enseña en todo el mundo.

Mantak Chia nació en Tailandia en 1944, de padres chinos. A los seis años de edad los monjes budistas le enseñaron cómo sentarse y "calmar la mente". Pronto aprendió la lucha tradicional taoísta. Luego el Maestro Lu le enseñó el Tai Chi Chuan y posteriormente Aikido, Yoga y niveles más elevados del Tai Chi.

Años después, siendo estudiante en Hong Kong, un compañero de más edad llamado Cheng Sue-sue lo presentó a quien sería su primer maestro esotérico, el Maestro Taoísta Yi Eng (Y Yun). Con él comenzó el Maestro Mantak Chia a estudiar seriamente el modo de vida taoísta. Aprendió cómo circular la energía a través de la Orbita Microcósmica y, mediante la práctica de la Fusión de los Cinco Elementos, aprendió a abrir los Seis Canales Especiales. Posteriormente estudió Alquimia Interna, aprendiendo la Iluminación del Kan y el Li, el Sellado de los

Cinco Organos de los sentidos, la Concertación del Cielo y de la Tierra y la Unión del Cielo y el Hombre. El Maestro Yi Eng fue quien autorizó al Maestro Chia a enseñar y a curar.

Con poco más de veinte años, Mantak Chia estudió con el Maestro Meugi en Singapur, quien le enseñó el Kundalini, el Yoga Taoísta y la Palma Budista. Muy pronto fue capaz de eliminar bloqueos de energía en su propio cuerpo. También aprendió a transmitir la energía a través de sus manos para curar a los pacientes del Maestro Meugi. Posteriormente, en Tailandia, aprendió el Chi Nei Tsang del Maestro Mui Yimwattana.

Después estudió con el Maestro Cheng Yao-Lun quien le enseñó el método Shao-Lin del Poder Interior. Del Maestro Yao-Lun aprendió también los celosamente guardados ejercicios secretos de los órganos, las glándulas y la médula ósea conocidos como *Nei Kung de la Médula Osea* y el ejercicio conocido como *Reforzamiento y Renovación de los Tendones*. El sistema del Maestro Cheng Yao-Lun combinaba la lucha tailandesa con el Kung Fu. En aquella misma época el Maestro Mantak Chia estudió también con el Maestro Pan Yu, cuyo sistema combinaba enseñanzas taoístas, budistas y zen. Del Maestro Pan Yu aprendió el intercambio de la fuerza del Yin y el Yang entre hombres y mujeres y también cómo desarrollar el *Cuerpo de Acero*.

Para mejor entender los mecanismos de la energía curativa el Maestro Mantak Chia estudió durante dos años anatomía y ciencia médica occidental. Mientras proseguía sus estudios, fue director de la compañía Gestetner, fabricante de equipos de oficina, por lo que llegó a tener un conocimiento muy profundo de la tecnología de impresión offset y también de las máquinas fotocopiadoras.

Usando como base su conocimiento del sistema taoísta y combinándolo con otras disciplinas, el Maestro Mantak Chia comenzó a enseñar el Sistema del Tao Curativo, luego entrenó a otros instructores para que pudieran comunicar estos conocimientos y estableció en Tailandia el Centro de Curación Natural. Cinco años más tarde decidió mudarse a Nueva York, donde en 1979 inauguró el Centro del Tao Curativo. Durante los años que estuvo en América el Maestro Chia continuó con sus estudios del sistema Wu de Tai Chi, con Edward Yee en Nueva York.

Desde entonces el Maestro Chia ha enseñado a decenas de miles de estudiantes de todas las partes del mundo y ha entrenado más de 200 instructores autorizados para difundir su sistema. Son muchos los lugares donde se han abierto Centros del Tao Curativo, entre ellos Boston, Filadelfia, Denver, Chicago, San Francisco, Los Angeles, San Diego, Houston, Tucson, Santa Fe y Toronto. También se han formado grupos en Inglaterra, Alemania, Holanda, Italia, Francia, Suiza, Austria, India, Australia, Japón y Tailandia.

En 1994 el Maestro Chia y su familia se mudaron de nuevo a Tailandia, donde comenzaron la construcción de los Jardines del Tao, Centro de Retiro Internacional en Chiang Mai. En la actualidad vive allí con su esposa, Maneewan, y su hijo Max (en 1990, a la edad de once años, Max se convirtió en el instructor más joven del Sistema del Tao Curativo).

El Maestro Chia es una persona cálida, amistosa y servicial, que se considera a sí mismo antes que nada como docente. Presenta el Tao Curativo de la manera más simple y práctica, esforzándose continuamente en hallar nuevos enfoques que simplifiquen la enseñanza. Escribe sus libros con un procesador de texto y está muy familiarizado con la más reciente tecnología informática.

Anteriormente a éste ha escrito y publicado diez libros sobre el Tao Curativo: en 1983, *Despertar la Energía Curativa del Tao*; en 1984, *Secretos Taoístas del Amor: Cultivando la Energía Sexual Masculina*; en 1985, *Sistemas Taoístas para Transformar el Estress en Vitalidad*; en 1986, *Automasaje Chi: Sistema Taoísta de Rejuvenecimiento*, *Chi Kung Camisa de Hierro I* y *Amor Curativo a Través del Tao: Cultivando la Energía Sexual Femenina*; en 1989, *Nei Kung de la Médula Osea*; en 1990, *Fusión de los Cinco Elementos* y *Chi Nei Tsang: Masaje Interno Chi* y en 1993, *Despertar la Luz Curativa del Tao*.

El Maestro Chia considera que serán necesarios unos veinte libros para contener la totalidad del sistema del Tao Curativo. En Junio de 1990, en una cena celebrada en San Francisco, fue agasajado por el congreso Internacional de Medicina China y Qi Gong (Chi Kung), que lo nombró Maestro de Qi Gong del año, siendo el Maestro Chia el primero en recibir este galardón anual.

JUAN LI

Juan Li nació en La Habana, Cuba, en 1946. Inició sus estudios taoístas en 1965 con un estudio comparativo de las versiones inglesas del Tao Te Ching. Posteriormente realizó estudios superiores en el Brooklyn College, donde se especializó en historia china de las dinastías Shang y Chou. En esa época comenzó también una investigación especial y un proyecto de estudio sobre el I Ching, tema en el cual sigue todavía profundamente interesado.

Su primer entrenamiento en Tai Chi tuvo lugar en San Francisco, con Sifu Sik Ho Chu, quien le enseñó el estilo Fu del Tai Chi, modalidad desarrollada en la provincia de Honan durante el siglo XIX por Fu Juen Ko. El estilo Fu se caracteriza por incluir movimientos de manos extremadamente gráciles y posturas bajas de gran poder. Tras enseñarle el estilo Fu, Sifu Sik Ho Chu le enseñó el Tai Chi estilo Wu y la forma Liang Yee de Kung Fu.

Juan Li conoció al Maestro Mantak Chia en 1982 e inició sus estudios de las formas taoístas tradicionales de energía interna. Muy pronto comenzó a ayudar al Maestro Chia con las ilustraciones de sus libros. El Maestro Chia también le enseñó los 13 movimientos del estilo Yang y la forma del sable ancho del estilo Wu.

Con el tiempo Juan Li se convirtió en instructor veterano del Sistema del Tao Curativo y en la actualidad pasa gran parte de su tiempo presentando estas enseñanzas en los países de Europa Occidental. Vive en Santa Fe, Nuevo México, con su esposa Renu, quien también es instructora veterana del Sistema del Tao Curativo.

PREFACIO

Dr. Jampa Mackenzie Stewart

Cuando en 1982 conocí al Maestro Mantak Chia hacía ya unos diez años que practicaba y enseñaba Tai Chi. Había aprendido ya el antiguo estilo Chen, el estilo Yang, el estilo Wu, el Cheng Man-Ching y el estilo Veinticuatro. Conocía tantas formas de Tai Chi que no hubiera sido capaz de practicarlas todas en un solo día.

Durante años había leído libros que hablaban de los misteriosos cambios internos que se supone ocurren a consecuencia de la práctica del Tai Chi: la transformación de la energía sexual en Chi y del Chi en espíritu. Pero los maestros de Tai Chi con los que estudié o bien no conocían dichas prácticas o no deseaban divulgar su conocimiento. Mientras practicaba arduamente lo aprendido me sentía frustrado por la lentitud a la que, en mi opinión, iba progresando. Por eso fue muy grande mi alborozo cuando finalmente hallé al Maestro Mantak Chia, un verdadero Maestro taoísta que enseñaba abiertamente los secretos de la Alquimia Interior Taoísta.

Sin embargo, lo último que yo deseaba era aprender otra forma de Tai Chi. Cuando vi por primera vez la forma de Tai Chi Kung del Maestro Mantak Chia me pareció que no había nada nuevo en ella, sólo Tomar la Cola del Pájaro y el Azote Sencillo. Yo ya conocía cinco formas diferentes de realizar dichos movimientos. Por ello, sería capaz de aprender la forma del Maestro Chia en un solo día. Al menos eso pensaba yo.

Mientras me dirigía –en el verano de 1986– hacia las Montañas de Catskill, en el Norte del estado de Nueva York, para realizar un retiro de entrenamiento con el Maestro Chia, me sentía muy orgulloso de mi Tai Chi. El Maestro Chia exigía que todos sus instructores aprendieran Tai Chi Kung como requisito para enseñar las prácticas superiores del Tao Curativo. "Ningún problema," pensé. Gracias a mis años de entrenamiento me va a resultar extremadamente fácil.

¡Qué despertar tan duro y humillante me esperaba! El Maestro Chia fue inmisericorde conmigo y valoró mi Tai Chi con una franqueza brutal. "Has aprobado por los pelos", me dijo. "¿Cómo es posible que después de practicar el Tai Chi durante tantos años carezcas todavía de raíz?" En los años siguientes continuó diciéndome: "¡Todavía no lo consigues! No tienes fuerza en la columna. No haces el movimiento espiral. Para enseñar Tai Chi tienes que saber estas cosas." ¿Cómo es posible que hubiera tantas cosas que aprender un una forma tan breve de Tai Chi?

Poco a poco, a través de los velos de mi obstinado orgullo y de mi tenaz ignorancia, me fui dando cuenta que el Tai Chi no tiene nada que ver con el número de movimientos que uno aprende ni con los diferentes estilos que uno conozca. La cualidad de cada movimiento es lo que cuenta. Si uno entiende los profundos principios de la mecánica corporal, el movimiento de la energía y la concentración mental que han sido conservados en el Tai Chi desde los primeros maestros hasta nuestros días, entonces todo lo que uno haga será Tai Chi. Y al contrario, si no se captan los principios de la estructura interna, aunque los movimientos sean estéticos estarán vacíos y huecos.

El boxeo occidental tiene sólo cinco técnicas, sin embargo fijaos lo difícil que es llegar a ser un campeón como Muhammed Ali o Mike Tyson. El Tai Chi posee trece técnicas básicas y cientos de principios internos de movimiento. La sencilla forma del Tai Chi Chi Kung los contiene a todos ellos.

Al tener que realizar pocos movimientos externos, el estudiante de Tai Chi Chi Kung progresa pronto desde la fase inicial en la que aprende las formas externas a la etapa en la que comienza a dominar la estructura interna del Tai Chi. A regañadientes tuve que admitir que los alumnos del Maestro Chia, que habían estudiado con él Tai Chi Kung en un curso intensivo de tan sólo tres semanas, estaban más avanzados que mis alumnos que llevaban dos o tres años estudiando formas más largas de Tai Chi.

La mayoría de los maestros tradicionales de Tai Chi hacían que sus alumnos practicaran durante años antes de enseñarles la parte relacionada con la energía interna como la Meditación de la Orbita Microcósmica. Sólo después de años de estudio y servicio, el maestro llevaba al diligente y afortunado alumno a su sancta sanctorumn y allí, en secreto, le enseñaba la Orbita Microcósmica, a modo de iniciación que culminaba su entrenamiento.

Parte del genio del Maestro Chia es su insistencia en que los alumnos aprendan la Meditación de la Orbita Microcósmica y el Chi Kung de la Camisa de Hierro antes de abordar el Tai Chi Chi Kung. Enseña el Tai Chi como una de las partes importantes del Sistema del Tao Curativo. Las diferentes partes del Sistema –meditación sentada, meditación en pie, meditación en movimiento, cultivo de la energía sexual y trabajo curativo– se apoyan mutuamente unas a otras. El progreso del alumno en meditación, curación y Chi Kung se refleja inmediatamente en su Tai Chi y viceversa.

El Tai Chi Chi Kung nos enseña a movernos en armonía con los principios del Tao. Está basado en la filosofía taoísta clásica tal como aparece en el *I Ching*, en el *Tao Te Ching*, en Chuang Tzu y Lieh Tzu y también en el *Arte de la Guerra* de Sun Tzu. Sus principios están también enraizados en las enseñanzas esotéricas taoístas de la Alquimia Interior, que fueron enseñados entre otros por los grandes inmortales Ko Hung y Lu Tung-Pin. Las leyendas dicen que fue el inmortal taoísta Chang San-Feng de la montaña de Wu Tang quien creó el Tai Chi, aunque las más recientes investigaciones históricas parecen indicar que fue Chen Wang-Ting, general retirado de la dinastía Ming, quien desarrolló el Tai Chi y lo enseñó a la gente de su pueblo como un arte marcial. De cualquier modo, los escritos de Chen muestran claramente que también él se basaba en la esotérica Alquimia Interna taoísta.

El conocimiento es poder. En una época en la que la guerra significaba combate cuerpo a cuerpo, las artes marciales eran secretos militares y no se enseñaban abiertamente. Del mismo modo los métodos esotéricos de cultivo alquímico interno eran reservados para un selecto y reducido grupo de iniciados cuidadosamente escogidos. Incluso en el presente siglo, esa tradición de secreto ha seguido en gran medida. Los maestros contemporáneos de Tai Chi todavía tienen sus alumnos esotéricos y "secretos" a quienes se transmite la totalidad del arte. Los chinos son tan hábiles manteniendo secretos que normalmente los alumnos externos ni siquiera sospechan que hay algo más.

Afortunadamente este patrón está cambiando. Gracias a la apertura del Maestro Chia y a otros maestros recientes, el gato se está saliendo del saco. En la actualidad la enseñanza está a disposición de todo aquel que desee aprovecharse de esta gran oportunidad y quiera recibir el sublime resultado de miles de años de conocimiento.

Este libro presenta los primeros niveles del arte del Tai Chi Chi Kung. El maestro Chia denomina a su forma *Tai Chi Chi Kung*, en lugar del usual nombre de *Tai Chi Chuan*. *Chuan* significa literalmente *puño* e indica claramente la utilización de este arte para la lucha. *Chi Kung* significa *cultivo de la energía*. Aunque el Chi Kung puede aplicarse a potenciar las habilidades marciales del individuo, también se puede dirigir hacia la curación de uno mismo y de los demás o hacia el refinamiento del espíritu para lograr la sabiduría y la paz interior.

Aunque las habilidades marciales constituyen ciertamente una parte significativa de la presentación que el Maestro Chia hace del Tai Chi Chi Kung, la capacidad de defenderse uno mismo y de asegurar un entorno pacífico debe ser acompañada por una sabia utilización de esa fuerza vital que nos esforzamos por conservar. Una vida dedicada sólo a luchar parece algo trágico, ¿no es así? Aprender a curarnos a nosotros mismos y a los demás, aprender a ascender hasta el reino del espíritu, volver a la armonía con uno mismo, con la sociedad y con la naturaleza, para eso es para lo que realmente estamos aquí.

Jampa Mackenzie Stewart es corrector general de los libros del Tao Curativo y también instructor veterano del Tao Curativo. Fue quien más contribuyó con sus escritos al libro *Despertar la Luz Curativa del Tao* (Tao Curativo, 1993), es autor de *The Life of Gampopa: The Incomparable Dharma Lord of Tibet* (Snow Lion Publications, 1995) y *Foundations of Taoist Practice* (1995).

Ha publicado más de cuarenta artículos sobre Tai Chi, meditación taoísta, Chi Kung y curación en numerosas revistas profesionales. Fue editor del Tai Chi Journal, revista internacional de Tai Chi, y también director del Rochester Tai Chi Chuan Center, en Rochester, Nueva York.

Es también doctor en medicina oriental y acupuntor practicante. En la actualidad da clases y talleres del Tao Curativo en los Estados Unidos y organiza con frecuencia retiros y seminarios en el desierto de Nuevo México.

Jampa Mackenzie Stewart y el Maestro Chia

 # PROLOGO

La forma descrita en este libro se llama Tai Chi Chi Kung. He estudiado y practicado Tai Chi durante más de treinta años. Comencé aprendiendo de diversos maestros tres formas diferentes del estilo Yang. Después aprendí el estilo Wu con el Maestro Edward Yee y luego el estilo Chen. Finalmente conocí al Maestro P.Y. Tam, quien me enseñó el Tai Chi Chi Kung, una forma primitiva del estilo Yang que acentúa la utilización de la mente y del corazón para mover el Chi. A su vez el Chi mejora la circulación, reaviva la estructura ósea y revitaliza todo el sistema.

La forma Tai Chi Chi Kung resalta la estructura interna del Tai Chi, el modo en que el Chi fluye por el cuerpo y el modo en que la energía es transmitida a la estructura ósea desde el suelo. Esta forma es sencilla y fácil de aprender, sin embargo contiene todos los movimientos esenciales del Tai Chi.

En el pasado, la mayoría de los maestros enseñaban formas de Tai Chi que constaban de 108 movimientos, por lo que el proceso de aprendizaje era extremadamente complicado y lento. En muchos casos se necesitaban años tan sólo para que el alumno aprendiera la forma sin siquiera comenzar a explorar la estructura interna del Tai Chi. Con esta forma breve y esencial Tai Chi Chi Kung, el alumno puede comenzar a aplicar casi inmediatamente los principios vitales del Tai Chi: absorber, transformar y dirigir las tres fuerzas. Las tres fuerzas son la fuerza Universal, que procede de las estrellas, el sol y la luna; la fuerza Cósmica, que procede de las partículas cósmicas, de la atmósfera y del medio ambiente; y la energía de la Tierra, que viene de la propia tierra.

Los métodos y los principios de la fuerza interna del Tai Chi son aplicables a todas las formas de Tai Chi; sin embargo, el Tai Chi Chi Kung debe ser entendido, estudiado y practicado dentro del contexto del taoísmo; no es sino una rama (aunque importante) de un sistema completo de prácticas taoístas. Cada una de las ramas se apoya en las demás. Así, en este libro figuran numerosas referencias a las meditaciones taoístas y a las prácticas de Chi Kung que enseño a mis estudiantes de Tai Chi dentro del contexto del Sistema del Tao Curativo. He escrito ya varios libros que describen con todo detalle esas prácticas, por lo que los lectores que deseen más información deberán acudir a dichas obras. No obstante, para los nuevos lectores, tanto en el texto como en los apéndices he incluido una breve descripción de las prácticas curativas del primer nivel.

Les deseo el mayor éxito en su estudio y en su domino del Tai Chi Chi Kung. ¡Que el Chi esté con ustedes!

Mantak Chia
Chiang Mai, Tailandia, 1995.

AGRADECIMIENTOS

Extendemos nuestra gratitud a las muchas generaciones de maestros taoístas y de Tai Chi que transmitieron su enseñanza oralmente durante miles de años. Especialmente damos las gracias al Maestro taoísta Y Yun (Yi Eng) por su apertura al transmitir las fórmulas de la Alquimia Interna taoísta, al Maestro de Tai Chi estilo Wu Edward Yee, quien me enseñó la totalidad del sistema del Tai Chi, al Maestro de Tai Chi P.Y. Tam, por su enseñanza del Tai Chi Chi Kung y al Maestro Cheng Yao-Lun por sus enseñanzas sobre la Renovación de los Tendones y la Limpieza de la Médula Osea.

Nuestra eterna gratitud a nuestros padres y maestros por lo mucho que nos dieron. Su recuerdo trae alegría y satisfacción a nuestros continuos esfuerzos por presentar el sistema del Tao Curativo.

Expresamos nuestras gracias a Juan Li por sus ilustraciones y por su preparación del borrador original de la primera mitad del manuscrito. Como siempre, ha jugado un papel decisivo en la presentación de los conceptos y las técnicas del Tao Curativo.

Expresamos nuestra más profunda apreciación a Jampa Mackenzie Stewart por su ayuda en la organización y edición de este libro, por la contribución de sus escritos, por el diseño del libro y por su ayuda y su guía durante toda la preparación del mismo.

Gracias a Judith Stein por su guía editorial con el texto final.

Agradecemos a Kimberley Baldt sus correcciones y su transcripción de la segunda parte del manuscrito y a Dennis Lewis su excelente y generoso consejo editorial.

Agradecemos a Gary Oshinsky su supervisión y sus escritos en las últimas etapas de la preparación. Muchas gracias también a Karl Danskin por filmar las demostraciones de Tai Chi Chi Kung y las enseñanzas para los niveles avanzados.

Gracias a Lynnette Brooks por su ayuda, sus contribuciones y su asistencia durante las diversas fases del libro.

Estamos también muy agradecidos a Michael Manelis por su ayuda informática, por el diseño de la portada y el diseño y la producción del libro.

Finalmente, deseamos dar las gracias a nuestros instructores diplomados, a los estudiantes y a quienes nos apoyan en todo el mundo por sus constantes contribuciones al sistema y por mantener la vitalidad de las prácticas del Tao Curativo.

(Todas las personas que se mencionan en este apartado
contribuyeron a la preparación y publicación de la
edición original inglesa de la presente obra)

# ADVERTENCIA

Las prácticas descritas en este libro han sido exitosamente usadas durante miles de años por los taoístas y los practicantes del Tai Chi que recibieron una enseñanza personal. Los lectores no deberían realizar las prácticas del Tai Chi Chi Kung sin recibir un entrenamiento personal del Tao Curativo ya que algunas de dichas prácticas, si son incorrectamente realizadas, pueden causar daños o generar problemas de salud. La intención de este libro es servir de complemento al entrenamiento individual recibido del Tao Curativo y servir también como guía de referencia para tales prácticas. Quienes emprendan estas prácticas basándose tan sólo en este libro lo harán bajo su riesgo y responsabilidad.

Las prácticas aquí descritas no pretenden ser un substituto de la atención médica profesional. Los lectores que sufran cualquier desorden de tipo mental o emocional deberán consultar a los terapeutas o profesionales de la salud adecuados. Este tipo de problemas deberán ser corregidos antes de iniciar la práctica del Tai Chi.

Ni el Tao curativo ni sus empleados e instructores serán responsables de las consecuencias generadas por la práctica inadecuada o por el mal uso de la información contenida en este libro. Si el lector emprende cualquier ejercicio sin seguir estrictamente las instrucciones, las notas y los avisos, la responsabilidad de lo que pueda ocurrir será totalmente suya.

Primera Parte

 # INTRODUCCION

El Taoísmo es el sistema filosófico y espiritual más antiguo de China. Los taoístas afirman que todos formamos parte de la naturaleza y que hemos nacido de la energía de la tierra, los astros y los elementos. Sin embargo, por alguna razón hemos olvidado cuál es nuestro lugar en ese sistema, por lo que necesitamos aprender a recuperar nuestra herencia legítima como hijos de la naturaleza.

La forma en que la naturaleza funciona se llama Tao. La manera de desarrollar nuestro máximo potencial y vivir en armonía con los patrones y la energía de la misma también se llama Tao. Para los taoístas, el fin y los medios son la misma cosa. Ellos viven la vida como un proceso, como una danza.

Al igual que el universo, nuestro cuerpo es un todo integrado y cada una de sus partes se relaciona con las demás y depende de ellas. Sin embargo, al llegar a la edad adulta y llevar una vida sedentaria, con frecuencia nos olvidamos de usar todas las partes de nuestro cuerpo. Solemos depender de la cabeza y los brazos, utilizando la columna vertebral, las caderas y las piernas sólo para bajar del coche, para subir al ascensor y para sentarnos en nuestra silla giratoria, donde nuevamente usamos sólo la cabeza y los brazos. Al restringir nuestros movimientos olvidamos cómo movernos con fuerza, agilidad y eficiencia. Nos olvidamos de cómo vivir plenamente en nuestro cuerpo, limitando cada vez más nuestra forma de movernos, hasta que finalmente nos olvidamos de lo que realmente somos.

El Tai Chi Chi Kung es una parte muy importante del taoísmo. Está basado en los principios del Tao y es una expresión cinética de esta doctrina, al tiempo que constituye una práctica personal encaminada a comprender y percibir su esencia. La práctica diaria del Tai Chi Chi Kung nos hace ser nuevamente como niños, eliminando la rigidez y la tensión y nos permite aprender a movernos en forma libre y natural, con todo nuestro cuerpo integrado estructural y energéticamente. De esta forma reflejamos nuestra relación con el gran todo, como partes del universo. El Tai Chi Chi Kung nos da la oportunidad de ser nosotros mismos.

Actualmente existen muchos estilos de Tai Chi. Sin embargo, en todos ellos el primer paso consiste en aprender y memorizar los movimientos externos. La práctica de todos los movimientos en secuencia se conoce como la forma del Tai Chi. Una vez aprendida la forma, el resto del trabajo para el dominio del Tai Chi es aprender a utilizar la energía en cada postura. El trabajo con el Chi o energía se llama *trabajo interno*.

El trabajo interno es lo que hace del Tai Chi una disciplina única y lo que lo distingue de las formas externas de las artes marciales. La estructura interna permite que el cuerpo se mueva como un todo. No aprender la parte interna del Tai Chi es como no mirar el interior de la ostra para descubrir la perla.

La base para dominar la estructura interna del Tai Chi es la meditación energética. Muchos estudiantes de Tai Chi de todo el mundo carecen de preparación en este tipo de meditación. Por desgracia, la mayoría de ellos aprenden primero las formas más largas y difíciles de esta disciplina. Para hacerlo, tienen que dedicar muchos años a la práctica y a la corrección, con el objeto de perfeccionar la forma externa y hacer que se vea bien. La gran cantidad de tiempo que dedican a la forma externa hace que con frecuencia el trabajo interno sea descuidado.

La principal ventaja del Tai Chi Chi Kung es que se trata de una forma concisa, compuesta de trece movimientos que se repiten en cuatro direcciones. A pesar de su brevedad, contiene la esencia de los movimientos de las formas más largas del Tai Chi y dado que es repetitiva se aprende rápidamente, por lo que hace posible emprender de inmediato el trabajo interno. Una vez que el practicante se familiariza con la esencia del Tai Chi Chi Kung, el aprendizaje de las formas más largas resulta relativamente fácil.

La falta de experiencia en meditación, junto a la necesidad de aprender formas muy largas dificulta muchas veces el acceso al trabajo interno. En el Tao Curativo esos aspectos del Tai Chi son enseñados separadamente, como la meditación energética sentada, la meditación en pie y la meditación en movimiento.

Meditación energética sentada

El sonido pulmonar

En este tipo de meditación, el practicante se sienta en una posición cómoda. Al adoptar esta postura, fortalece su consciencia y su concentración sin distraerse con los movimientos del cuerpo. El objetivo principal de esta práctica consiste en aprender a silenciar y concentrar la mente y a relajar los órganos internos y otras partes específicas del cuerpo. Esta fase se completa con la Sonrisa Interior y los Seis Sonidos Curativos.

El siguiente paso es conectarse con la energía vital. Esto se logra con las meditaciones de la Orbita Microcósmica y la Fusión de los Cinco elementos, en las que se capacita a la mente para que sienta el Chi, lo genere, lo almacene en un centro de energía específico llamado Tan Tien, lo dirija hacia otras áreas para sanarlas y fortalecerlas y lo guarde para usarlo en el futuro.

Además, la energía se transforma en un nivel más elevado de paz mental, equilibrio y felicidad interna por medio de un proceso de purificación. Si uno aprende el Tai Chi sin realizar ningún tipo de meditación sentada, le será más difícil sentir el Chi y usar la mirada de la mente para recoger, concentrar y dirigir la energía.

El canal gobernador   **El canal funcional**

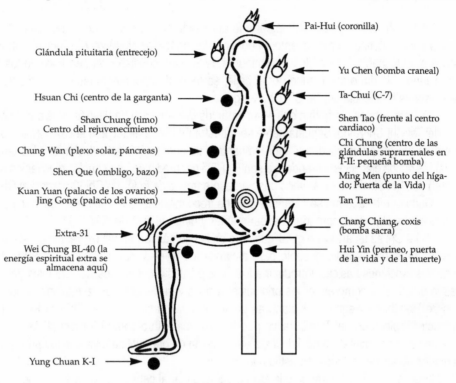

La ruta de la órbita Microcósmica

Etiquetas de la izquierda (canal gobernador):
- Glándula pituitaria (entrecejo)
- Hsuan Chi (centro de la garganta)
- Shan Chung (timo) / Centro del rejuvenecimiento
- Chung Wan (plexo solar, páncreas)
- Shen Que (ombligo, bazo)
- Kuan Yuan (palacio de los ovarios) / Jing Gong (palacio del semen)
- Extra-31
- Wei Chung BL-40 (la energía espiritual extra se almacena aquí)
- Yung Chuan K-I

Etiquetas de la derecha (canal funcional):
- Pai-Hui (coronilla)
- Yu Chen (bomba craneal)
- Ta-Chui (C-7)
- Shen Tao (frente al centro cardiaco)
- Chi Chung (centro de las glándulas suprarrenales en T-II: pequeña bomba)
- Ming Men (punto del hígado; Puerta de la Vida)
- Tan Tien
- Chang Chiang, coxis (bomba sacra)
- Hui Yin (perineo, puerta de la vida y de la muerte)

Meditación energética en pie

El aprendizaje de la meditación sentada facilita la práctica de las meditaciones en pie, como el Chi Kung Camisa de Hierro. En éstas, se comprime suavemente la energía y se la guía a través de la Orbita Microcósmica. Además, se aprende a ajustar la estructura de la postura alineándola con la fuerza de gravedad, de manera que uno queda "conectado a tierra" o "enraizado" estructural y energéticamente.

Una vez que percibimos la alineación e integración de nuestra propia estructura estando en pie, podemos dar movimiento a esta experiencia dentro de la forma del Tai Chi. La meditación en pie es la forma más rápida y fácil de dominar este vital aspecto interno del Tai Chi. Casi todos los grandes maestros de Tai Chi afirman que la meditación en pie es un factor decisivo para alcanzar niveles de habilidad más elevados.

Meditación energética en movimiento

El Tai Chi Chi Kung permite integrar lo aprendido en la práctica de la meditación sentada y de pie y convertirlo en movimiento. Al dominar los principios cinéticos del Tai Chi, podrá aplicarlos gradualmente a todos los movimientos de su vida cotidiana. Ya sea lavando los platos, arreglando el jardín o caminando por la calle, se moverá espontáneamente en armonía con el Tao. Esta es la esencia del Tai Chi Chi Kung.

En esta obra se presentan en primer lugar los fundamentos, la historia y los principios básicos del Tai Chi Chi Kung. Seguidamente se muestran algunos ejercicios de calentamiento sencillos pero efectivos que ayudan a abrir los centros de energía, las articulaciones y los tendones. Después de los ejercicios, aprenderá a sentir el Chi por medio de una sencilla meditación energética en pie. Por último, le guiaremos paso a paso a través de la forma Chi Kung del Tai Chi.

Dado que esta forma se compone sólo de trece movimientos fáciles de dominar, su mente pronto estará libre para aprender a experimentar y dirigir el flujo del Chi.

El Tai Chi es un arte y en él, al igual que en las demás formas de expresión artística, la instrucción personal es indispensable para alcanzar los niveles más elevados. La presente obra tiene dos funciones básicas: introducir a los principiantes en el arte del Tai Chi y ayudar a quienes lo practican a comprender los principios básicos y profundos que la mayoría de los maestros de Tai Chi se niegan a revelar. Las personas que practican el Tai Chi Chi Kung con un Instructor Diplomado del Tao Curativo pueden usar este libro como un manual. Asimismo, los estudiantes de otros estilos de Tai Chi lo encontrarán de gran utilidad, ya que los principios presentados se aplican a todos los estilos de Tai Chi.

Una vez que haya aprendido la forma, podrá pasar al capítulo 6, donde se presentan diferentes enfoques para comenzar una práctica de nivel intermedio. En el resto de la obra se presentan instrucciones detalladas para dominar los niveles más elevados de las distintas formas del Tai Chi.

I

Orígenes del Tai Chi Chi Kung: Historia del Tai Chi y su función en el Tao curativo

Orígenes del Tai Chi Chi Kung

Los descubrimientos arqueológicos realizados en las últimas décadas han sacado a la luz múltiples pruebas de que los ejercicios calisténicos y de respiración se practicaban ya en tiempos tan remotos como la Dinastía Chou (1100-221 A. C.). Es probable que el Tai Chi se desarrollara a partir de las formas antiguas de ejercicios de Tao-In y Chi Kung combinadas con la circulación interna de la energía y la respiración y con las aplicaciones marciales de la época.

Las historias tradicionales del Tai Chi fueron escritas mucho tiempo después de que este arte se diera a conocer ampliamente. En ellas se afirma que durante el siglo XIV, un ermitaño llamado Chang San Feng recibió las enseñanzas del Tai Chi en una serie de sueños. Otras versiones afirman que Chang San Feng creó el Tai Chi al observar una pelea entre una serpiente y una grulla. Otras interpretaciones sitúan los orígenes de esta disciplina en la dinastía Tang (618-907 D. C.).

Quizás la teoría más verosímil sea la que dice que el Tai Chi fue creado por Chen Wang-Ting, el noveno jefe del clan familiar Chen, de la provincia de Honan. Este personaje era general del ejército de la Dinastía Ming. Cuando ésta cayó en manos de los manchúes en el año 1664, Chen se retiró a Chenjiagou (la villa de la familia Chen) en la provincia de Honan y usó su entrenamiento militar para crear una serie de movimientos que enseñó a los miembros de su clan. Dichos movimientos se basaban en el estilo del Puño Rojo del vecino Templo Shaolin, combinado con los movimientos del famoso manual de boxeo del General Chi Ji-Guang.

Algunos relatos afirman que años después, un taoísta vagabundo llamado Chuan Fa visitó Chenjiagou y enseñó al clan Chen a incorporar los principios del Tao (como el uso del flujo del Chi y el Yin y Yang) a sus movimientos, convirtiendo el boxeo de la familia Chen en Tai Chi Chuan, el Boxeo Supremo y Absoluto. Sin embargo, la familia Chen desaprueba este relato y afirma que Chuan Fa simplemente era un alumno de Chen Wang-Ting. El clan afirma que los primeros escritos de su antepasado demuestran que cuando él creó las formas de Tai Chi estilo Chen ya estaba familiarizado con la Alquimia Interna taoísta. También está claro que las demás formas de Tai Chi se derivaron posteriormente del estilo Chen.

Chang San-Feng, el legendario creador del Tai Chi.

Hasta principios de este siglo, el Tai Chi era una práctica secreta que se transmitía únicamente a los miembros de la cerrada estructura familiar y a discípulos leales. El entrenamiento en artes marciales era una empresa muy costosa. Con frecuencia, los maestros consumados exigían pagos exorbitantes en lingotes de oro, dinero o servicios. Desde el punto de vista moral, estos maestros pedían a sus discípulos una lealtad y una obediencia absolutas. Además, el entrenamiento requería muchos años de práctica constante.

Al aumentar el uso y la disponibilidad de las armas de fuego, casi todas las artes marciales comenzaron a declinar rápidamente. Dado que el dominio de este tipo de armas exige muy poco entrenamiento y prácticamente ninguna disciplina, las personas que aprendieron a usarlas tuvieron una evidente ventaja sobre aquellas que se habían entrenado arduamente en artes marciales.

Por esta razón, el panorama para estas disciplinas a principios de siglo no era muy alentador. Al enfrentar el hecho de que su arte podía volverse obsoleto, algunos de los viejos maestros comenzaron a enseñar abiertamente a cualquiera que pudiese pagarles. Cuando en el año 1912 el antiguo imperio chino cayó en el caos y el experimento de una república democrática culminó con la victoria de los comunistas en 1949, las artes marciales comenzaron una etapa de transición, en la que dejaron de ser un arte bélico mortífero para convertirse en una práctica de fomento de la salud y la longevidad.

En las últimas cuatro décadas el Tai Chi se ha convertido en un sistema de salud muy popular entre los habitantes de China. Quienes visitan ese país o cualquiera de las comunidades chinas en el extranjero, pueden ver grupos numerosos de personas de todas las edades que practican esta disciplina en lugares abiertos durante las primeras horas de la mañana. La fascinación por el Tai Chi se ha extendido a las comunidades no chinas de todo el mundo. Antes de la Segunda Guerra Mundial, las artes marciales asiáticas eran casi totalmente desconocidas en los Estados

Unidos. Sin embargo, durante la guerra del Pacífico, los soldados estadounidenses que regresaban a su patria contaban historias acerca de las extraordinarias habilidades de algunos combatientes japoneses.

Durante la ocupación de Japón, muchos soldados estadounidenses comenzaron a estudiar Judo, Jiujitsu, Karate y otras artes marciales orientales. Poco después de la Guerra de Corea, las artes marciales de ese país comenzaron también a ser conocidas en Occidente.

Durante los primeros años de la década de los 60 y mediados de los 70, las formas predominantes de las artes marciales que se practicaban en los Estados Unidos y en Europa eran el Judo, el Karate, el Aikido y el Tae Kwon Do. El Tai Chi comenzó a ser conocido entre el público a finales de los años 60. Desde entonces ha continuado difundiéndose y se ha convertido en una de las formas de ejercicio con más adeptos en todo el mundo.

familia Chen, descrito líneas arriba, el cual combina técnicas de fuerza suaves y explosivas. La segunda es el estilo de la familia Yang, derivado del estilo Chen en el siglo XIX y que posee un ritmo suave y un flujo uniforme. La tercera es el estilo de la familia Wu, derivado de las formas Chen y Yang también en el siglo XIX, con sus sutiles movimientos articulares.

"Cepillo de rodilla y paso giratorio" - Tai Chi al estilo de la familia Yang, por Yang Chen-Fu (1883-1936).

Un estilo familiar célebre, aunque menos conocido, es el Tai Chi estilo Sun, que es un sistema creado a principios del siglo XIX por el gran boxeador de estilo interno Sun Lu-Tang, el cual combina elementos de Hsing I Chuan y Pa Kua Chang dentro de la secuencia del Tai Chi. Otro sistema familiar poco conocido es el Tai Chi estilo Hao, derivado del estilo Chen en el siglo pasado y que se caracteriza por sus movimientos circulares muy cortos e intrincados. Entre otras formas podemos mencionar el Tai Chi estilo Fu y el estilo Chen Pang Ling, ambos creados en el presente siglo. Estos estilos se llaman "combinados" porque en su forma de realizar los movimientos incorporan el sabor y la expresión de los tres estilos familiares más importantes.

También existen otros estilos no familia-

"Cepillo de rodilla y paso giratorio" - Tai Chi al estilo de la familia Chen, realizado por Chen Fa-Kor (1887-1955), descendiente del fundador.

La práctica del Tai Chi popularizada durante el presente siglo ha llegado hasta nuestros días a través de tres tradiciones familiares principales. La primera es el estilo de la

"Cepillo de rodilla y paso giratorio" - Tai Chi al estilo de la familia Wu, creado por Wu Chien-Chuan (1870-1949).

res. De algunos de ellos se afirma que fueron creados en los templos y monasterios hace siglos mientras otros surgieron en el siglo XX. Entre ellos se encuentran el Kuang Pin Tai Chi, el Wu Tang Tai Chi, el estilo veinticuatro de Yang y el Cheng Man-Ching (este último es una variación abreviada del estilo de la familia Yang).

Tai Chi Chi Kung I: la forma de los trece movimientos

La forma que se estudia en esta obra es la de los trece movimientos y que llamamos Tai Chi Chi Kung I. Se cree que fue creada por la familia Chen. En el siglo XIX fue modificada por la familia Yang y sufrió numerosas transformaciones hasta llegar a nuestros días.

A pesar de los múltiples estilos y variaciones, los principios básicos de todas las formas de Tai Chi son esencialmente los mismos:

1. Concentrar la mente y el Chi.
2. Relajarse en movimiento mientras se distingue la plenitud (Yang) del vacío (Yin).
3. Mantener el cuerpo enraizado en el suelo y el centro de gravedad en un nivel bajo.
4. Mantener la estructura ósea alineada con las fuerzas del Cielo y de la Tierra y transmitir ésta última a través de dicha estructura hacia un punto de descarga único.
5. Permitir que el Chi circule y mueva los músculos, los huesos y los tendones en forma lenta y coordinada sin llevar hasta los extremos las limitaciones físicas del cuerpo, y moverse suave y continuamente con una integración corporal absoluta.

La estructura del estilo de los trece movimientos es muy simple, pero contiene la esencia del Tai Chi. Esta forma es lo suficientemente compacta como para poder practicarla en un espacio cuadrado de un metro y medio de lado. El Tai Chi Chi Kung se dirige hacia los cuatro puntos cardinales, comenzando con el norte y moviéndose de derecha a izquierda, empezando con la mano izquierda y viceversa, de izquierda a derecha comenzando con la mano derecha. Como las formas del lado derecho y del lado izquierdo son consecutivas, es posible prolongar la práctica del Tai Chi tanto como se desee. Si hay limitaciones de tiempo se pueden practicar simplemente los trece movimientos en una sola dirección.

Las personas que practican el Tai Chi en las ciudades, con frecuencia se desaniman por la necesidad de encontrar un espacio privado y extenso para realizar las formas más largas, cuya práctica adecuada puede requerir una superficie de entre 20 y 30 metros cuadrados. Con frecuencia, estas formas tienen tantos movimientos que es necesario emplear veinte minutos o más para completarlas. La forma de los trece movimientos es el sistema perfecto para cualquiera que desee practicar esta disciplina con las limitaciones de tiempo y espacio que la vida urbana nos impone.

El Wu Chi

Según la cosmogonía taoísta, antes de la creación del universo manifestado existía un estado de vacío total. En ese estado primordial, nada se movía. El concepto relativo del tiempo no tenía aplicación en ese estado primordial, ya que no había nada con qué compararlo. Todo era un vacío.

Tai Chi: Yin y Yang primordiales

El Wu Chi se movió gracias a algún impulso desconocido y allí comenzó el primer momento de la creación. Este primer impulso se manifestó como Chi a través de la polaridad primordial de Yin y Yang, negativo y positivo. La interacción del Yin y el Yang es la expresión esencial del Wu Chi. Los taoístas llamaron a este proceso Tai Chi o "supremo absoluto". Los múltiples fenómenos del universo visible e invisible son el resultado de la interacción entre el Yin y el Yang.

El círculo vacío simboliza el Wu Chi, el estado de abertura pura.

El diagrama del Tai Chi.

Los antiguos taoístas le dieron el nombre de Wu Chi. Wu significa ausencia, negación, nada. La sílaba Chi, si bien se pronuncia en español de la misma manera que la palabra que designa a la fuerza vital, tiene en chino un significado totalmente diferente. Esta sílaba significa "lo más alto" o "absoluto", por lo que Wu Chi significa "la nada absoluta".

El Chi: origen de todo movimiento

El Chi o fuerza vital es la base de todas las prácticas taoístas, del mismo modo que la electricidad es el fundamento de la civilización moderna. Sin ella, prácticamente cualquier aspecto de la vida moderna se detendría. De igual forma, sin el Chi, nuestra vida cesaría abruptamente.

El Chi puede ser definido como bioelectricidad, fuerza vital, vitalidad o simplemente energía. Es todas estas cosas y ninguna de ellas exclusivamente. Así como la electricidad, en toda su profundidad y vastedad, sigue siendo un misterio para los científicos, el Chi se encuentra más allá de toda comprensión intelectual.

De acuerdo con los antiguos taoístas, el Chi está en el aire que respiramos, aunque no es sólo oxígeno ni ninguno de los gases que componen la atmósfera. El Chi se encuentra también en los alimentos que comemos, aunque no es sólo una vitamina, mineral o hidrato de carbono que pueda aislarse químicamente. El Chi se absorbe en los alimentos mediante la fotosíntesis, aunque no es la luz del sol ni ninguno de los tipos de rayos detectables por los modernos aparatos sensores.

El Chi es la esencia de los alimentos que consumimos y del aire que respiramos; es el nutriente real del cuerpo. Al respirar y alimentarnos, llevamos el Chi al interior de nuestro cuerpo. Sin el Chi no habría vida.

Los cinco elementos o fases

La interacción del Yin y el Yang se expresa a través de cinco fases básicas de comportamiento energético, conocidas como los Cinco Elementos. Éstos no sólo se refieren a los elementos físicos que encontramos en todas partes, sino también a las cinco formas en que el Chi se expresa a sí mismo en el universo. La primera fase es energía en reposo, energía en un estado de quietud y concentración extremas. Esta fase se llama Agua porque este elemento, si no se lo agita, entra naturalmente en un estado de quietud extrema. La segunda fase es una evolución de la primera; si la energía está extremadamente inmóvil y concentrada, entra en actividad en un momento dado, al igual que el Wu Chi. Esta

fase es la de la expansión de la energía y se llama Madera porque los árboles entran en actividad en primavera después de un largo periodo de descanso invernal. La explosión de actividad de esta fase no dura demasiado, pues pronto se estabiliza en un periodo de

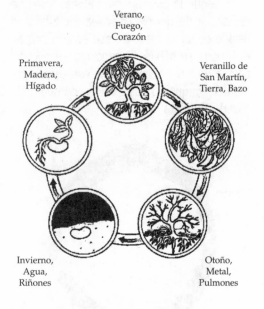

Verano, Fuego, Corazón

Primavera, Madera, Hígado

Veranillo de San Martín, Tierra, Bazo

Invierno, Agua, Riñones

Otoño, Metal, Pulmones

Los Cinco Elementos

liberación continua de energía. Esta tercera fase se llama Fuego porque dicho elemento es capaz de mantener un alto índice de liberación de energía durante un periodo prolongado. Cuando esta liberación de energía del fuego comienza a declinar, da origen a la cuarta fase, la de la contracción de la energía. Esta fase se llama Metal, porque este elemento es una forma de energía muy concentrada. La quinta fase de la energía es la del equilibrio central y la armonía de las otras cuatro fases. Esta fase final se llama Tierra porque en ella se apoyan todos los demás elementos.

El Yin/Yang es la raíz y el tronco de toda la creación; los cinco elementos son las ramas que soportan a las hojas, flores y frutos del universo. El resultado de las cinco fases de la energía es la manifestación y la actividad del sol, la luna, las estrellas, los planetas y toda la vida de la Tierra.

Esta visión de la cosmogonía taoísta podrá parecer abstracta y simplista, pero la ciencia moderna ha llegado esencialmente a las mismas conclusiones con respecto a la creación. Toda materia del universo se compone de partículas atómicas. Los átomos, considerados antiguamente como las partículas de materia más pequeñas e indivisibles, se componen a su vez de partículas y ondas subatómicas puestas en movimiento por la polaridad positiva y negativa. Asimismo, los científicos han desarrollado el concepto de la explosión original de energía, que ellos llaman el Big Bang o Gran Explosión.

Los taoístas consideran al universo como un vasto océano de energía interactuante, impulsada por la interacción fundamental del Yin y el Yang. Los seres humanos somos una de las manifestaciones más complejas de tal interacción.

El universo, considerado como una manifestación de los Cinco Elementos, es autosustentable. Todos los seres vivos interactúan constantemente con todos los elementos de la creación por medio de la alimentación, la respiración, la percepción de sensaciones y sentimientos y por el pensamiento.

¿De dónde se deriva nuestra fuerza vital?

Según los taoístas, la fuente básica de la energía humana proviene de nuestros padres. La energía Yin de la madre contenida en el óvulo y la energía Yang del padre existente en

el espermatozoide proporcionan las chispas iniciales que encienden el fuego de la vida. Esta energía de nuestros padres se llama energía innata o Chi Original.

Una segunda fuente de Chi es la radiación procedente de las estrellas en forma de luz, ondas electromagnéticas y vibraciones subsónicas. Las estrellas más importantes en este proceso son el sol, la Estrella Polar y las que forman la constelación de la Osa Mayor.

Para subsistir, los humanos dependemos particularmente del Chi irradiado por las estrellas y los planetas a través del espacio. El aire que respiramos está cargado de energía cósmica en forma de partículas extremadamente pequeñas de "polvo cósmico", formado por residuos de estrellas, planetas y asteroides que estallaron. Llega continuamente a la Tierra y es un elemento esencial del suelo.

Las plantas son los únicos organismos vivos que pueden transformar directamente la luz en nutrientes. Los humanos absorbemos la energía lumínica de manera indirecta al con-

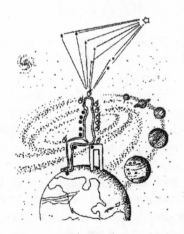

sumir vegetales o la carne de otros animales que se alimentan de plantas.

La interacción de la luz, el polvo cósmico del suelo, el aire y el agua, forma la base de la fotosíntesis de las plantas. Toda la vida de la tierra depende directa o indirectamente de la vida vegetal. La gran mayoría de los organismos se alimenta directamente de las plantas y una pequeña minoría se alimenta de otros animales herbívoros.

Mediante la práctica del Tao es posible acumular una gran cantidad de Chi en el Tan Tien inferior. Esta presión del Chi atrae más fuerza vital (Chi) del universo que nos rodea.

El Chi es la vida y la abundancia de energía implica abundancia de vida. Si nuestro suministro de energía es bajo debido a una enfermedad o a excesos emocionales, nuestra vitalidad y nuestra motivación disminuyen. La vida deja de ser una experiencia agradable; nos sentimos desconectados del ambiente, de la sociedad y de nosotros mismos. Por esta razón, para los taoístas es muy importante cultivar y mantener un nivel elevado de energía a fin de fortalecer nuestra unión con el universo y con nosotros mismos.

El objetivo principal de la práctica del Tao consiste en llegar a un estado de unión completa con la fuente del universo. Toda la vida procede inconscientemente del Wu Chi.

La práctica del Tao nos permite lograr la inmortalidad y retornar conscientemente al Wu Chi para disolvernos en la unidad. Los taoístas apoyan activamente cualquier actividad o punto de vista que ayude a fortalecer nuestra unión con el universo.

La forma más directa de mantener nuestros lazos con toda la creación consiste en cultivar la energía que es la base de toda la vida. El Tai Chi desempeña una función primordial en el Taoísmo, pues es una de las formas más eficientes y sencillas de cultivar el Chi y de experimentar nuestros propios orígenes energéticos. La práctica precisa de las posturas del Tai Chi abre y elimina los bloqueos energéticos de nuestros canales de energía; los movimientos lentos y suaves dan elasticidad a esos canales y los mantienen fuertes y flexibles; los movimientos rítmicos de los músculos, la columna vertebral y las articulaciones impulsan la energía a todo el cuerpo. Por todo esto, el Tai Chi es un ejercicio que nos da más energía de la que consume, haciendo que después de una sesión nos sintamos relajados y fortalecidos.

El Tai Chi: parte vital del sistema del Tao Curativo

Aunque el Tai Chi ha sido practicado por profanos durante siglos, su importancia y profundidad sólo se puede apreciar plenamente dentro del contexto general de la práctica del Taoísmo. Los taoístas antiguos y contemporáneos practicaban y practican el Tai Chi como parte de un programa global para cultivar y desarrollar sus cuerpos físico, energético y espiritual. Esos tres cuerpos corresponden a los Tres Tesoros de San Bao: Ching o Jing (energía o esencia sexual), Chi (el aliento interno, energía básica de la fuerza vital) y Shen (espíritu o consciencia). Todas las disciplinas taoístas se concentran en el fortalecimiento de estos tres aspectos.

No hay ninguna disciplina que cultive los Tres Tesoros con igual énfasis y efectividad. Por esta razón, la mayoría de los adeptos serios usan una combinación integral de prácticas para alimentar los Tres Tesoros y fortalecer y desarrollar los Tres Cuerpos.

Como apuntamos en la introducción, en el sistema del Tao Curativo practicamos una combinación de técnicas sentadas, de pie y en movimiento que se complementan entre sí y crean una base sólida para dominar las artes internas.

La Orbita Microcósmica

Muchas personas han practicado diligentemente el Tai Chi durante años, pero no tienen una idea clara de cómo se siente el Chi. Uno de los requisitos del entrenamiento avanzado de las artes marciales es ser capaz de percibir la intención del oponente antes de hacer cualquier movimiento. Si no podemos sentir nuestra propia energía, será imposible que sintamos la de otra persona y mucho menos el Chi que activa los pensamientos del oponente antes de que se manifiesten en forma de acción.

Por ello, el primer paso en la práctica del Tai Chi Chi Kung consiste en conocer la fuerza que anima nuestro ser y aprender a sentirla, a dirigirla y a hacerla circular a través de la Orbita Microcósmica.

La meditación de la Orbita Microcósmica es la base de todas las prácticas del Tao Curativo. Dicha órbita es nuestro principal circuito energético, pues alimenta a los demás canales del cuerpo. Al abrir la Orbita y eliminar

bloqueos en su ruta energética, se libera más Chi, que revitaliza a la totalidad del cuerpo. Por medio de esta práctica, aprendemos a reconocer cómo se siente el Chi cuando lo hacemos circular por el Meridiano Gobernador (que va de la parte baja de la espalda hacia arriba) y por el Meridiano Funcional o de la Concepción (que corre por el frente del cuerpo de arriba hacia abajo).

Cuando somos capaces de sentir el Chi circulando por nuestro cuerpo, podemos saber si una postura de Tai Chi es estructuralmente correcta, observando si permite o impide el flujo de energía en el organismo. Es más fácil aprender los fundamentos de la circulación del Chi durante la meditación sentada, en la que no nos distrae el hecho de tener que movernos o de prestar atención a los cientos de detalles formales del Tai Chi. Cuando nos familiarizamos con la sensación que produce la circulación del Chi, podremos comenzar a integrarla fácilmente en los movimientos del Tai Chi.

La Sonrisa Interior y los Seis Sonidos Curativos

En la práctica del Tao curativo, el proceso de sentir nuestro propio Chi se depura por medio de la Sonrisa Interior y de los Seis Sonidos Curativos.

La meditación de la Sonrisa Interior nos permite comunicarnos con nuestros órganos. Por medio de ella nos ponemos en contacto con el Yo superior y dirigimos una conciencia amorosa y agradecida a las diferentes partes de nuestro cuerpo. Todos hemos experimentado situaciones en las que nos sentimos como extraños en un nuevo entorno, por ejemplo, cuando visitamos un país extranjero y desconocemos el idioma. Sin embargo, una sonrisa comunica automáticamente a los demás que nuestras intenciones son amistosas. Por ello, la sonrisa es una forma de lenguaje amigable que usamos en la práctica del taoísmo para comunicarnos no sólo con otras personas, sino también con nuestros propios órganos vitales y con las demás partes de nuestro cuerpo.

La práctica de los Seis Sonidos Curativos es un método para armonizar y equilibrar la energía de los órganos vitales por medio de movimientos, posturas y sonidos. ¿Por qué comunicarnos con los órganos vitales? En la práctica del taoísmo se afirma que tales órganos son las partes del cuerpo que absorben, procesan y almacenan el Chi y lo mantienen a nuestra disposición para mantenernos vivos. Es indispensable adquirir consciencia de los órganos y sentir el Chi para percibir las necesidades del cuerpo y la energía que le da la vida. Los Seis Sonidos Curativos refrescan y desintoxican a esos órganos y nos ayudan a liberar las emociones negativas que impiden el flujo de la energía.

A primera vista, la práctica de la Sonrisa Interior parece no tener relación con la de los Seis Sonidos Curativos, pero posteriormente aprendemos a sonreír al órgano con el que estamos trabajando al final de cada sonido.

Los taoístas creen que la conciencia está enraizada no sólo en el cerebro, sino también en los órganos vitales y, en un sentido más sutil y refinado, en cada una de las células. Los Seis Sonidos Curativos y la Sonrisa Interior son el punto de partida para escuchar al cuerpo y crear una sensibilidad interior profunda. Al sonreír a los órganos y agradecerles el trabajo que realizan, despertamos nuevamente la inteligencia de todo nuestro cuerpo.

Por tanto, en el Tao Curativo siempre comenzamos la práctica del Tai Chi Chi Kung con la meditación de la Sonrisa Interior. Esto ayuda a que el estudiante se relaje y dirija su consciencia hacia las sutiles sensaciones internas. Aunque por lo general la práctica de los Seis Sonidos Curativos no forma parte directa de una sesión de Tai Chi, su realización a cualquier hora del día aumenta la relajación y la consciencia interna. Este estado superior influye positivamente en la práctica del Tai Chi.

El Chi Kung Camisa de Hierro

En la práctica del Tao Curativo, el trabajo energético no consiste sólo en sentir la energía y comunicarse con los órganos. La energía vital circula en toda la estructura del cuerpo físico, por ello ponemos mucha atención en mantener esa estructura en buena forma.

Podemos tener una gran vitalidad, pero si constantemente nos tumbamos en nuestro asiento, nos mantenemos en pie fuera de nuestro centro de gravedad o caminamos encorvados, acabaremos deformando nuestra estructura esquelética. Además, los órganos recibirán una presión innecesaria y los obligaremos a trabajar en condiciones de estrés interno. La circulación del Chi quedará bloqueada en ciertos lugares y provocará excesos y carencias energéticas que posteriormente producirán enfermedades.

Para evitar o remediar el daño a la estructura física y energética, enseñamos un conjunto de prácticas conocidas como Chi Kung Camisa de Hierro. La sílaba Kung en Chi Kung (y en Kung Fu) significa trabajo intensivo. En el Chi Kung Camisa de Hierro, trabajamos intensamente con tres aspectos del Chi: el Chi del aire que respiramos, el Chi innato que se encuentra en nosotros desde que fuimos concebidos y el Chi de los órganos.

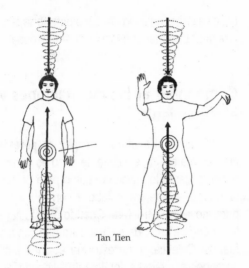

Tan Tien

Si sabemos permanecer alineados con las
Fuerzas Celeste y Terrestre, podremos aprender
también a movernos con ellas

También trabajamos con la estructura esquelética, los tendones, el tejido conjuntivo que rodea a todos los órganos y músculos y la médula ósea. Aprendemos a ajustar la alineación esquelética de tal forma que si alguien aplica una gran fuerza a nuestra estructura, podremos redirigirla hacia el suelo conservando el equilibrio. Al aprender a colocar nuestra estructura ósea totalmente alineada con la fuerza de gravedad, facilitamos la circulación de la energía vital por todo nuestro cuerpo.

Los antiguos taoístas creían firmemente que cualquier cambio en el cuerpo físico produce un cambio similar en la mente y en las emociones. De igual forma, los cambios en el ser mental y espiritual se manifiestan en el cuerpo físico. La integración estructural que se logra con la práctica de la Camisa de Hierro equilibra nuestro nivel de energía, produce una mejor salud y una mayor estabilidad emocional y física.

El trabajo intensivo que se efectúa en la Camisa de Hierro es relativamente estático, pues las distintas posturas se realizan enrai-

zándose en un solo punto. ¡Sin embargo, no somos árboles inmóviles! Al poner en movimiento los principios de la Camisa de Hierro, llegamos a la práctica del Tai Chi.

El Amor Curativo a través del Tao

El Ching Chi (o Jing Chi), que es la energía de nuestro aparato reproductor, es la esencia energética más concentrada de nuestro organismo; así como la semilla contiene a todo el árbol, nuestra energía sexual contiene la esencia condensada de un ser humano completo.

Todas las formas de vida que se reproducen sexualmente poseen una cantidad tremenda de energía en su aparato reproductor. Si esa energía no se emplea para concebir y no se recicla en el interior del cuerpo, simplemente se pierde. Esta pérdida es un gran desperdicio de fuerza vital; de hecho, muchas plantas mueren poco después de soltar la semilla y muchos animales perecen después de reproducirse.

La práctica del Tai Chi Chi Kung ayuda a sentar las bases de la transformación alquímica taoísta de Ching en Chi, de Chi en Shen y de Shen en Wu Chi. La conservación de la energía sexual es un requisito previo para la transformación. Por esta razón, es esencial que el practicante de Tai Chi Chi Kung aprenda los métodos del Amor Curativo a través del Tao para conservar su energía sexual.

El Amor Curativo también nos enseña a equilibrar los aspectos Yin y Yang de nuestra energía sexual. Muchos maestros famosos de Tai Chi no conocían los secretos taoístas del amor y se inclinaron demasiado hacia el Yang, por lo que buscaron deshacerse del exceso de esta energía en prácticas destructivas como los excesos sexuales, las drogas y el alcohol.

Por supuesto, muchos de ellos murieron relativamente jóvenes y no experimentaron los frutos de la larga vida que han hecho famosa a la práctica del Tai Chi.

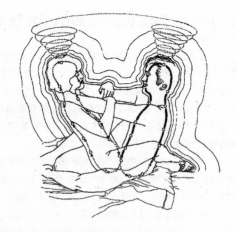

El Nei Kung de la médula ósea

Los maestros de Tai Chi también son célebres por tener huesos extraordinariamente fuertes y densos, como si fueran de acero recubierto de algodón. Un experimento realizado recientemente en China entre practicantes de Tai Chi mayores de ochenta años, mostró que ninguno de los sujetos examinados padecía signos de osteoporosis.

En la fisiología taoísta, la esencia sexual se almacena en los riñones, que son los órganos que gobiernan al aparato reproductor. Estos órganos controlan también los huesos, la médula ósea y el cerebro. Las prácticas taoístas relacionadas con la energía sexual mantienen a los órganos sexuales saludables y en buena forma. Cuando se combina el Tai Chi con las prácticas del Amor Curativo, la Camisa de Hierro y el Nei Kung de la médula ósea, la esencia de la energía sexual se recicla y se dirige hacia los huesos para fortalecer y restaurar la matriz ósea y la médula ósea.

Cómo integrar las meditaciones y el movimiento

Cuando el alumno es capaz de percibir claramente el Chi, el siguiente paso es aprender a relajarse lo suficiente como para permitir que esta energía colabore con la mente para mover la estructura. Cuando el estudiante aprende a estar de pie y a alinearse con las fuerzas Celestial y Terrestre, le es más fácil aprender a moverse totalmente alineado en todo momento. Cuando es capaz de percibir la sensación de estar enraizado en el suelo y ha desarrollado la concentración y la estabilidad mental a través de la meditación, no le es difícil llevar las mismas prácticas a sus actividades cotidianas.

Por todo lo anterior, el Tai Chi es un refinamiento de la meditación sentada de la Orbita Microcósmica y de las prácticas del Chi Kung Camisa de Hierro que se realizan estando de pie. Esta disciplina traslada la centralización desarrollada en la meditación y la Camisa de Hierro a los movimientos de la vida diaria y proporciona una sensación de bienestar más completa.

2

¿Por qué practicar el Tai Chi Chi Kung?

Lo primero que llama la atención de la práctica del Tai Chi es la belleza y la gracia de sus movimientos. A diferencia de las formas japonesa y coreana, este arte no exige ningún esfuerzo extenuante y puede practicarse sin peligro a una edad bastante avanzada. Por el contrario, muchas de las formas "duras" de las artes marciales provocan serios daños a las articulaciones si se practican inadecuadamente y resultan demasiado fuertes para la mayoría de las personas de edad.

El Tai Chi Chi Kung mejora la postura

Uno de los beneficios más importantes que produce el Tai Chi es el mejoramiento de la postura. Las deficiencias en ésta son resultado de una combinación de estados emocionales negativos y de falta de autoconsciencia. La imagen de una persona deprimida crónicamente nos resulta muy familiar: encorvada y con los hombros caídos, como si llevara al mundo entero a cuestas. Esta postura refleja estados emocionales negativos como tristeza,

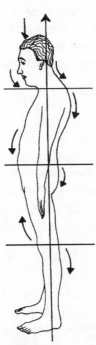

La mala postura es resultado de las cicatrices provocadas por las emociones negativas y por la falta de autoconsciencia.

depresión, indiferencia, abandono, arrogancia, soberbia, miedo, estar a la defensiva, etcétera. Cuando las emociones negativas se vuelven crónicas, dejan su huella en la estructura física. Estas malformaciones disfuncionales impiden que el estado emocional de la persona sea armonioso y equilibrado.

En uno de los ejercicios que realizamos con mayor frecuencia en mis talleres, los participantes se sientan en una postura totalmente energetizada y hacen que la misma evoque sentimientos de valor, arraigo, fuerza y bienestar emocional. Posteriormente, les pedimos que se tumben lentamente en sus asientos y permitan que sus cabezas cuelguen hacia adelante. En esta postura encorvada les pedimos que sientan tristeza, depresión y falta de energía.

Cuando los participantes han experimentado estos estados de alta y baja energía, les pedimos que se sienten con la espalda recta en una postura que denote valor y fuerza, y que traten nuevamente de sentir tristeza, depresión y falta de energía. Después de un tiempo, les pedimos que se tumben en sus asientos y que traten de evocar nuevamente los sentimientos de valentía, arraigo, fuerza y armonía. La mayoría de la gente es incapaz de recrear un estado armónico cuando está tumbada en el asiento y de sentirse deprimida si se sienta en una postura correctamente alineada.

Este sencillo experimento (que le recomiendo que haga) demuestra la importancia de la relación existente entre la postura y los estados emocionales. Si no tenemos consciencia de la forma en que estamos en pie y nos movemos, lo más probable es que tampoco percibamos los sutiles estados emocionales que estamos generando.

Una de las razones por las que la meditación es un elemento de apoyo muy importante para el Tai Chi es que genera un estado de autoconsciencia que es doble porque nos hace percibir el movimiento de la energía dentro de los meridianos, así como la estructura en la que se mueve dicha energía.

La toma de consciencia de nuestra postura empieza desde la primera posición del Tai

Postura Wu Chi

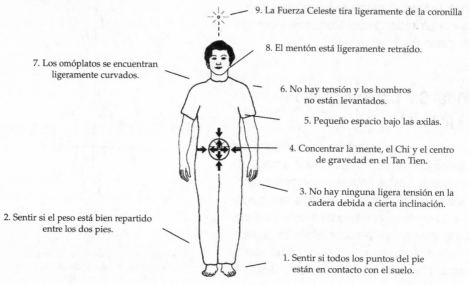

9. La Fuerza Celeste tira ligeramente de la coronilla

8. El mentón está ligeramente retraído.

7. Los omóplatos se encuentran ligeramente curvados.

6. No hay tensión y los hombros no están levantados.

5. Pequeño espacio bajo las axilas.

4. Concentrar la mente, el Chi y el centro de gravedad en el Tan Tien.

3. No hay ninguna ligera tensión en la cadera debida a cierta inclinación.

2. Sentir si el peso está bien repartido entre los dos pies.

1. Sentir si todos los puntos del pie están en contacto con el suelo.

Chi, llamada Wu Chi. Comenzamos sintiendo las plantas de los pies para ver si todos los puntos de cada una de ellas están en contacto con el suelo. Seguidamente percibimos si una pierna soporta más peso que la otra o si existe alguna tensión leve en la cadera debida a que estamos más inclinados hacia un costado. Observamos si hay tensión en los hombros y si los omóplatos están curvados de tal forma que impidan que el pecho se proyecte hacia adelante. Al llegar a la cabeza, revisamos la posición del mentón y de la base del cráneo, asegurándonos de que el primero se encuentre ligeramente retraído y permita una sensación de abertura en la segunda. Por último, alineamos el ángulo de la coronilla hasta sentir un ligero tirón de energía, concentrándonos en una bola de Chi sobre la cúspide de nuestra cabeza. Este tirón indica que toda la estructura se encuentra suspendida entre la fuerza Celestial (arriba) y la fuerza Terrestre (abajo).

La alineación estructural es una función natural del cuerpo humano, pero tendemos a perderla después de la infancia. La práctica del Tai Chi nos permite ajustar nuevamente nuestra postura de manera consciente y constante hasta que la alineación estructural adecuada vuelva a formar parte de nuestro conocimiento corporal natural y dejamos de encorvarnos inconscientemente durante periodos prolongados. Este mejoramiento de la postura física se refleja de inmediato en una mejor estructura mental y emocional. La autoconsciencia que nos hace percibir la postura mal alineada también nos permite ver los estados emocionales negativos que de otra forma no notaríamos.

La buena postura es muy importante para la circulación saludable de la energía. Esto se demuestra en el ejercicio citado, donde nos sentamos en la postura deprimida

Una postura encorvada impide que la fuerza vital circule eficientemente.

y en la energética. Nos sentimos energetizados simplemente porque la postura de valentía permite que la energía fluya mejor. Igualmente, nos sentimos deprimidos porque la mala postura evita que nuestra fuerza vital circule de un modo eficiente.

La práctica taoísta ha demostrado durante cientos de años que una circulación deficiente de la energía es factor primordial para el surgimiento de las enfermedades. Cuando fomentamos la buena circulación energética por medio de la meditación, el ejercicio y los estados mentales positivos, la incidencia de las enfermedades decrece rápidamente.

El Tai Chi Chi Kung fortalece el sistema nervioso

Uno de los aspectos más dañinos de la vida contemporánea lo constituyen los efectos destructivos que la contaminación, las emociones negativas no controladas y la sobrepoblación urbana tienen sobre nuestro sistema nervioso central. Los abundantes anuncios que vemos en la televisión de remedios contra el dolor de cabeza, el malestar estomacal, el insomnio, el estreñimiento y otros padecimientos reflejan el estado en que en la actualidad se encuentra nuestro sistema nervioso.

Este sistema es el mecanismo electroquímico que utiliza nuestro cuerpo para regular todas sus funciones. La fuerza vital, en forma de impulsos electromagnéticos, es el medio que utiliza dicho sistema para realizar sus funciones de comunicación. El mejoramiento de la circulación energética que producen la meditación y el Tai Chi regenera nuestro sistema nervioso.

El Tai Chi Chi Kung es útil en casos de enfermedades crónicas

Otro de los aspectos positivos de la práctica de la meditación y el Tai Chi es su efecto sobre las enfermedades. Al revisar varias publicaciones sobre Tai Chi mientras preparaba este libro, quedé impresionado por los relatos de las vidas de algunos practicantes. Muchas de las grandes figuras del Tai Chi comenzaron a practicar esta disciplina debido a que padecían enfermedades consideradas como crónicas o terminales por la medicina moderna.

El mejoramiento de la circulación energética y la transformación de los estados emocionales y mentales negativos son factores muy importantes para eliminar las enfermedades. Gracias a los trabajos de investigadores contemporáneos como el doctor Bernie Siegel y el doctor Herbert Benson, la medicina occidental ha comenzado a admitir que es posible curar ciertas enfermedades crónicas o terminales que no responden a los tratamientos farmacéuticos o quirúrgicos, modificando

el punto de vista emocional y mental del paciente y haciendo que éste practique alguna forma de ejercicio energético.

El Tai Chi elimina las emociones negativas

Uno de los rasgos naturales de un cuerpo sano es la capacidad de moverse libremente, con calma y sin esfuerzo, así como la posibilidad de expresar toda la gama de emociones humanas, positivas y negativas. El apego a las emociones y la incapacidad de liberarlas totalmente son algunas de las causas principales de la tensión y el estrés. Asimismo, estos factores producen bloqueos en el flujo de energía, los cuales a su vez provocan enfermedades.

La práctica exitosa de la meditación produce en nosotros una consciencia clara y sincera de nuestro estado interno. El Tai Chi expande esta consciencia y nos permite notar gradualmente en nuestro propio movimiento las áreas sutiles de tensión y aferramiento. Al descubrir una zona de contracción y tensión, advertimos el patrón emocional que está detrás de la "armadura corporal" que provoca ese estado. Posteriormente podemos aplicar una amplia gama de métodos para eliminarlo. Por ejemplo, al realizar la meditación de la Sonrisa Interior durante nuestra sesión de Tai Chi, podemos sonreír a esas zonas y enviarles sentimientos positivos para eliminar la tensión. También podemos dirigir la fuerza vital a las áreas que necesiten ser sanadas.

El Tai Chi Chi Kung beneficia al tejido conjuntivo, a los tendones y los músculos y favorece la circulación del Chi

La fuerza vital transita por una estructura física muy definida. Durante los últimos treinta años se han realizado numerosas investigaciones tanto en Asia como en Occidente para determinar las rutas precisas de esta fuerza. En varios estudios recientes se ha investigado la función que el tejido conjuntivo cumple en la transmisión de la energía.

El tejido conjuntivo o fascia es una capa muy delgada que se extiende por todo el organismo y envuelve a los órganos, los músculos, los tejidos y los huesos. Como su nombre indica, la función de este tejido consiste en conectar. La parte más visible de este tejido es la fascia, pero a nivel microscópico los tejidos conjuntivos se extienden a cada una de las células, uniéndolas con el resto del organismo.

Las investigaciones más importantes acerca del tejido conjuntivo (en términos de su relevancia para el Tai Chi) se concentran en sus propiedades bioeléctricas y bioquímicas. Se ha descubierto que este tejido funciona como un enorme sistema eléctrico de comunicación que une entre sí a cada una de las células del cuerpo.

Al verlo en el microscopio, este tejido aparece como una compleja estructura reticular cristalina. Cuando realizamos movimientos sencillos, su estructura se comprime y genera señales bioeléctricas. Actualmente se cree que el sistema tradicional chino de los meridianos está íntimamente relacionado con el tejido conjuntivo.

Entre el vasto repertorio de ejercicios taoístas no encontramos ninguna práctica para desarrollar una musculatura voluminosa como ocurre en el fisioculturismo occidental. La razón principal radica en las investigaciones taoístas sobre el poder de los tendones. Los músculos se desarrollan mediante ejercicios físicos pesados. Aun si entrenamos diariamente durante el resto de nuestras vidas hay una

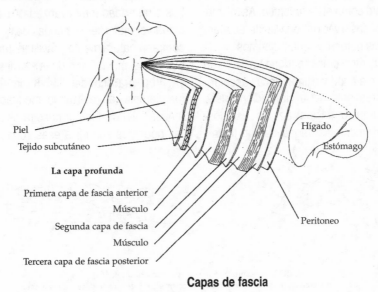

Piel

Tejido subcutáneo

La capa profunda

Primera capa de fascia anterior

Músculo

Segunda capa de fascia

Músculo

Tercera capa de fascia posterior

Hígado

Estómago

Peritoneo

Capas de fascia

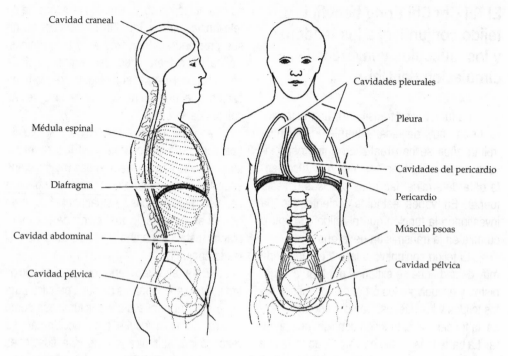

Cavidad craneal

Cavidades pleurales

Médula espinal

Pleura

Cavidades del pericardio

Diafragma

Pericardio

Cavidad abdominal

Músculo psoas

Cavidad pélvica

Cavidad pélvica

Cada órgano posee una capa de fascia que cubre su cavidad.

edad en la que la fuerza y el tamaño de los músculos comienza a deteriorarse. El tejido muscular se colapsa y no se reconstruye tan eficientemente como en la juventud. Asimismo, para su autoconservación, ese tejido acapara muchos de los nutrientes que ingerimos.

Por el contrario, los tendones no se ven afectados por la edad y exigen poca vascularización para conservarse. Si una persona fortalece sus tendones mediante un régimen apropiado de ejercicios, conservará ese poder hasta una edad muy avanzada. Los tendones actúan como gruesas bandas de goma que se contraen naturalmente y facilitan, junto con los huesos, el movimiento de la estructura ósea.

La práctica del Chi Kung Camisa de

① ②

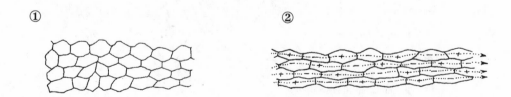

1. El tejido conjuntivo posee una estructura reticular.
2. Al hacer ejercicio, la estructura reticular se comprime y genera señales bioeléctricas.

Hierro ofrece diferentes métodos para fortalecer los tendones. Una de las metas de esa disciplina consiste en relajar los músculos hasta donde sea posible, haciendo que los tendones soporten la estructura al estar de pie. Este entrenamiento lleva directamente a la práctica del Tai Chi.

La ventaja de desarrollar tendones poderosos es que la musculatura puede estar más relajada mientras está en movimiento. Si los músculos se relajan, el tejido conjuntivo puede transportar impulsos eléctricos y fuerza vital con mayor eficiencia. En el Tai Chi aprendemos a movernos en un estado de relajación muscular, permitiendo que los tendones y la fuerza vital proporcionen la fortaleza "interior".

3

Principios básicos del Tai Chi Chi Kung

El Tai Chi Chi Kung se basa en los principios del Tao. Cuanto más integre e incorpore esos principios en sus movimientos, tanto mayor será su nivel de dominio. No importa si practica una forma larga o corta de Tai Chi; lo que importa es que conozca y aplique sus principios.

En el presente capítulo se exponen los principios básicos del Tai Chi Chi Kung. Estúdielos, memorícelos e incorpórelos a sus movimientos. Para empezar, la mejor manera de practicar consiste en tomar un principio a la vez y trabajar con él hasta que sea capaz de aplicarlo automáticamente, sin utilizar el pensamiento consciente. Posteriormente, trabaje con los siguientes principios hasta dominarlos todos.

En la segunda parte de esta obra se presentan los principios más avanzados del Tai Chi Chi Kung. Trate de aprenderlos sólo cuando haya dominado los elementos básicos que se presentan en este capítulo y cuando haya adquirido cierta habilidad en la forma del Tai Chi Chi Kung (o en cualquier otro estilo de Tai Chi), según se explica en el capítulo 5.

Si practica a diario llegará un momento en el que descubrirá que ha incorporado los principios del Tai Chi a su vida diaria. Notará que al sentarse, al caminar, al ponerse en pie y al acostarse, sus movimientos son frescos, bellos y sin esfuerzo. Esa es la recompensa que nos da el Tai Chi Chi Kung.

Permanezca enraizado en cada movimiento

Estar enraizado significa estar conectado con el suelo. Todas las formas de trabajo energético exigen que permanezcamos firmemente enraizados. Por desgracia, este principio es bastante incomprendido fuera del área de las artes marciales. Muchas personas que han practicado la meditación durante años jamás han oído hablar de él. ¡Imagine a un electricista que nunca haya oído hablar de la conexión a tierra de su equipo! Tarde o temprano sufrirá algún desastre.

El Tai Chi incorpora el arraigo físico a la

Todas las formas de trabajo energético exigen que permanezcamos firmemente unidos al suelo.

forma misma en la que transitamos por la vida. Su práctica se cultiva con la meditación. El arraigo físico y energético se desarrolla con la Camisa de Hierro y el Tai Chi y sirve de apoyo a los cambios mentales y emocionales que produce la meditación. Cada uno refleja al otro. El arraigo que se cultiva con el Tai Chi se manifiesta en la estabilidad de los movimientos. Emocionalmente, produce una personali-

En el Tai Chi, estar enraizado o arraigado es más que estar simplemente en pie sobre el suelo. Este proceso se inicia con los aspectos mentales, emocionales y espirituales de la personalidad.

dad firme con propósitos claros y un dominio total de la fuerza de voluntad. En el Tao el arraigo o enraizamiento es un aspecto muy importante del desarrollo espiritual. La práctica del Tai Chi y la Camisa de Hierro ayudan a desarrollar esta habilidad.

El Tai Chi también forma parte de las artes marciales y su énfasis en el arraigo es una de las facetas que han hecho de él un sistema superior de autodefensa. En esta disciplina, el poder y la estabilidad provienen de la alineación estructural con el suelo. Es muy difícil hacer caer a una persona alineada; el oponente sentirá que se ha topado con un sólido árbol de raíces profundas. Cuando esa persona ataca, la tierra respalda sus movimientos. Al hacerlo, concentra esa fuerza alineada y todas las partes de su estructura esquelética trabajan juntas e integradas.

Por el contrario, muchos practicantes de las artes marciales desarrollan partes aisladas y específicas de su cuerpo. Entrenan particularmente para crear músculos fuertes en los brazos y en las piernas y cuando lanzan un golpe utilizan principalmente la potencia del brazo y el hombro. ¿Cómo puede una parte aislada ser tan poderosa como la fuerza integrada y unida de todo el cuerpo? En otros estilos de artes marciales se usa la fuerza de la cintura y las piernas para lanzar golpes, pero si los combatientes no están enraizados y carecen de una alineación estructural adecuada, no tendrán verdadero poder.

Mantenga su centro de gravedad en el Tan Tien inferior

En el Tai Chi se pretende mantener un equilibrio y una estabilidad perfectos en todos los movimientos, tanto en la práctica individual como en sus aplicaciones en las artes marciales. Para lograr una estabilidad óptima, los alumnos de Tai Chi se entrenan a fin de mantener su centro de gravedad en la parte baja

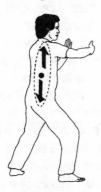

Generalmente mantenemos nuestro centro de gravedad flotando entre el pecho y la parte baja del abdomen.

del cuerpo, en el área que se encuentra entre el ombligo, la Puerta de la Vida y el centro sexual. El centro del cuerpo se encuentra aproximadamente en esta zona, conocida como Tan Tien inferior. Cuando estamos sentados, es relativamente fácil mantener nuestro centro de gravedad en ese área. Sin embargo, cuando nos levantamos y empezamos a movernos, dicho centro se ajusta al movimiento particular que estemos realizando.

El gateo es uno de los primeros intentos que hacen los bebés para explorar el mundo. En esa posición, su centro de gravedad se encuentra en un punto muy bajo. Posteriormente, cuando los huesos de sus piernas comienzan a solidificarse, intentan ponerse en pie y durante algunas semanas caen y se levantan una y otra vez hasta que aprenden a elevar su centro de gravedad y a permanecer centrados. A partir de entonces, consiguen hacer cosas cada vez más difíciles como caminar, correr, trotar, montar en bicicleta y practicar algún deporte. Estas actividades perfeccionan el equilibrio al máximo.

Al envejecer, nuestro centro de gravedad alcanza un punto fluctuante en el tórax. Cuando experimentamos emociones negativas, dicho centro se desplaza hacia arriba. Por ejemplo, si una persona se enfurece, su centro de gravedad puede subir hasta su pecho, produciendo una presión energética capaz de provocarle un ataque cardiaco. En situaciones de miedo extremo, el centro de gravedad puede llegar hasta la garganta, haciendo imposible la articulación de sonidos.

Al llegar a al edad adulta, el centro de gravedad puede alojarse permanentemente

1. El centro de gravedad es muy bajo. 2. El centro de gravedad es un poco más elevado. 3. El centro de gravedad está en equilibrio entre el ombligo y las piernas. 4. El centro está equilibrado entre el abdomen y el plexo solar. 5. El centro de gravedad es demasiado alto y se encuentra entre la parte alta de la cabeza y el pecho.

en algún punto de la parte superior del pecho, haciendo que la persona se curve hacia adelante. Por esta razón los ancianos tienden a caer con facilidad y necesitan usar un bastón para caminar.

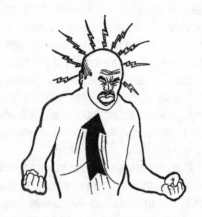

La furia excesiva puede elevar el centro de gravedad hasta el pecho o la garganta.

Al principio, es más fácil aprender a centrarnos mientras permanecemos sentados que estando en movimiento. Por ello, en el sistema del Tao Curativo enseñamos la meditación de la Orbita Microcósmica y la Camisa de Hierro antes que el Tai Chi.

En la meditación de la Orbita Microcósmica el practicante comienza aprendiendo a concentrar su consciencia en el área del Tan Tien, que es la parte central del cuerpo. Cuando su respiración adquiere un ritmo uniforme y su cuerpo se relaja, el centro de gravedad desciende naturalmente hasta la zona del ombligo. En la práctica de la Camisa de Hierro ocurre un proceso similar: la persona permanece de pie en una de las cinco posturas y al exhalar, relajar el pecho y el diafragma y controlar la respiración en la parte baja del abdomen, su centro de gravedad se desplaza hacia el Tan Tien inferior.

La siguiente fase del trabajo con el cen-

tro de gravedad consiste en desplazar la estructura mientras mantenemos en todo momento dicho centro en la parte baja del tronco. Parece sencillo, pero requiere práctica. En el Tai Chi, nuestro centro de gravedad se mantiene bajo cuando aprendemos a movernos alineados con las fuerzas Celeste y Terrestre, cuando aprendemos a generar los movimientos desde la cadera y a permanecer física y mentalmente unidos al suelo.

La posición centrada y la unión con la tierra no se adquieren sólo a través del conocimiento mecánico de la estructura física, sino también mediante los estados emocionales y mentales correspondientes. Si somos capaces de experimentar las emociones, desprendernos de ellas y relajarnos, nuestro centro de gravedad regresará a un punto de la parte baja del tronco y todo irá bien. Sin embargo, si nunca nos liberamos de las emociones y tendemos a vivir en el pasado, perderemos presencia. Nuestro cuerpo se caracterizará por tener su centro de gravedad en un punto alto.

La práctica de la meditación nos permite aprender a mantener nuestra mente concentrada en el Tan Tien. La energía de éste, guiada por la mente, dirige todos nuestros movimientos. En el Tai Chi, esta práctica se desarrolla aún más, pues empleamos el poder mental adquirido en la meditación para dirigir la energía vital hacia cualquier lugar de nuestro cuerpo. Por ejemplo, si deseamos virar hacia la izquierda, la mente dirige el Chi del Tan Tien para realizar dicha operación y la energía hace que la cadera gire en ese sentido. Lo mismo se aplica al avanzar o retroceder.

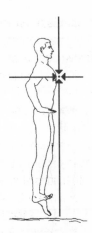

Las personas cuyo centro de gravedad se encuentra
en un punto alto viven desconectadas del suelo.

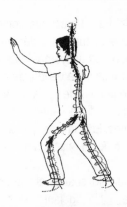

El Chi endereza sin esfuerzo la columna vertebral.

Mantenga su cuerpo alineado verticalmente, como si estuviera suspendido de la cúspide de su cabeza

Otro de los principios del Tai Chi consiste en mantener nuestro cuerpo alineado con la fuerza de gravedad, activando los canales descendentes que transitan por la parte central del cuerpo como si fuesen un eje central, alrededor del cual pudiésemos movernos libre y fácilmente. Es como si nuestra cabeza estuviera atada a una bola de Chi o a una estrella situada directamente sobre nosotros. Muchas personas tratan de estirar la cabeza hacia arriba a partir de su base, en un esfuerzo inútil por mantener la columna recta. En lugar de ello, practique cómo dirigir el flujo de Chi hacia el interior de la columna vertebral. Esto estira y levanta esa parte sin esfuerzo. La consciencia del Chi en la cúspide de la cabeza (el punto Bai Hui, Vaso Gobernador 20) tranquiliza y relaja, alineando el cuerpo con la Fuerza Celeste.

La fuerza de gravedad actúa sobre la estructura física ejerciendo una atracción hacia el suelo. Esta fuerza vertical nos alinea desde la cúspide de la cabeza hasta las plantas de los pies, pasando por el perineo. En los movimientos del Tai Chi mantenemos esta línea central de gravedad al avanzar, retroceder o dar vuelta. Todos nuestros movimientos parten del centro, física y mentalmente.

Si una persona se sienta derecha, con la línea central de gravedad perfectamente alineada desde la cúspide de la cabeza hasta los pies, pasando por el perineo, el peso se distribuye equitativamente entre los nueve puntos

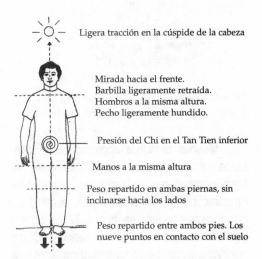

Ligera tracción en la cúspide de la cabeza

Mirada hacia el frente.
Barbilla ligeramente retraída.
Hombros a la misma altura.
Pecho ligeramente hundido.

Presión del Chi en el Tan Tien inferior

Manos a la misma altura

Peso repartido en ambas piernas, sin inclinarse hacia los lados

Peso repartido entre ambos pies. Los nueve puntos en contacto con el suelo

Al estar en pie completamente erectos y sentir como si
estuviéramos suspendidos de una cuerda, nuestra energía
fluye hacia arriba fortaleciendo los órganos internos y
produciendo una sensación de bienestar.

de cada pie. Esto se conoce como equilibrio perfecto entre las fuerzas Celeste y Terrestre.

Cuando nos apoyamos más en un lado que en el otro, la línea central de gravedad no corre desde la cúspide de la cabeza hasta el perineo y se modifica según la forma en que nos apoyemos. Esto impide que el peso quede distribuido por igual entre los nueve puntos de los pies.

Por ejemplo, cuando el cuerpo se inclina ligeramente hacia adelante, la punta recibe más peso que el talón. El centro de gravedad se desplaza hacia algún lugar del pecho, dependiendo de la altura, peso y flexibilidad de la persona. Si alguien empuja a la persona en esta posición, caerá fácilmente hacia delante.

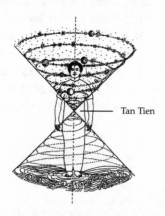

Tan Tien

El equilibrio perfecto armoniza y nivela las fuerzas Celeste y Terrestre en el Tan Tien.

Muchas personas acostumbran a inclinarse hacia adelante cuando caminan. Al hacerlo, mantienen su centro de gravedad en un punto alto y, de hecho, están cayendo. Lo que evita que lleguen hasta el suelo es la rapidez con la que mueven las piernas. Como resultado, experimentan automáticamente una tensión excesiva que mina su energía. Los hábitos impiden que percibamos lo que suce-

de en realidad, pero nuestro sistema nervioso lo sabe y nuestro organismo sufre cansancio y fatiga profundos causados por este mal uso de la energía.

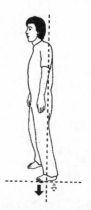

Al inclinarnos hacia adelante cambiamos la ruta de la línea central de gravedad.

El hábito de inclinarse tiene efectos destructivos sobre el cuerpo físico y sobre la circulación de la energía pues provoca la compresión de ciertos órganos, afectando al flujo energético. También trastorna el bombeo del diafragma y hace que el corazón trabaje de más para bombear la sangre. Cualquier interferencia con el diafragma afecta a la respiración y, por tanto, a la mente. Los bloqueos de energía que provoca la mala postura distorsionan la estructura física, los poderes de la mente y las emociones.

Los problemas de cadera y de columna con frecuencia se deben a una mala distribución del peso en los nueve puntos del pie. La forma en que se gastan las suelas de nuestros zapatos nos indican lo uniforme o desigual que es nuestra forma de estar en pie y de caminar.

Existen ciertos estilos de Tai Chi, principalmente el estilo Wu, en los que los alumnos parecen inclinarse hacia adelante cuando empujan. Sin embargo, si analizamos su estructura, descubriremos que la columna permanece recta y perpendicular con respecto a los huesos de la cadera, exactamente de la misma forma en que estaría si estuvieran en pie erectos. Lo que parece ser un centro de gravedad alto se equilibra al estirar la pierna hacia atrás, de manera que el centro de gravedad permanece en el Tan Tien inferior. Es como una estaca inclinada en cierto ángulo pero unida firmemente al suelo. La postura "inclinada" en estos estilos de Tai Chi es tan efectiva como las posturas erectas que se utilizan en la forma Chi Kung del Tai Chi.

Respire con la parte inferior del abdomen

Cuando un recién nacido sale de la matriz, lo primero que hace es respirar profundamente. Los seres humanos podemos vivir varias semanas sin comer y varios días sin beber agua, pero sin oxígeno dejaríamos de existir en unos cuantos minutos.

La respiración es una función corporal voluntaria e involuntaria. Podemos modificar conscientemente la manera en la que respiramos e incluso podemos dejar de respirar, pero no podemos aguantar la respiración voluntariamente hasta ahogarnos. Nuestro cuerpo posee un mecanismo automático que lo evita. En accidentes donde la víctima ha dejado de respirar, el cerebro sufre el daño orgánico más inmediato. Esto demuestra que la respiración y el funcionamiento cerebral están íntimamente relacionados.

Los antiguos taoístas descubrieron que la respiración no sólo está ligada al cerebro, sino a la consciencia misma. Los meditadores taoístas del pasado nos han dejado un tremendo legado de escritos recopilados en más de mil volúmenes, que en conjunto se conocen como el Canon Taoísta. En muchos de esos textos se destaca la importancia de la respiración y se presentan numerosos métodos de respiración para el desarrollo de la salud y la espiritualidad. Este enorme repertorio de ejercicios hace del taoísmo una de las formas de yoga más completas.

Si la respiración es tranquila, uniforme y rítmica, la mente experimenta esas mismas cualidades. Por el contrario, si es dificultosa, desigual y arrítmica, la mente se verá afectada por toda clase de sentimientos y emociones intermitentes. La próxima vez que vea a alguien extremadamente enojado, observe su patrón de respiración. En muchas de las terapias modernas se recomienda que los pacientes con problemas emocionales realicen ejercicios de respiración profunda, uniforme y rítmica, para recuperar la calma.

En la práctica del Tai Chi siempre se utiliza la respiración abdominal. Muchas personas creen que este tipo de respiración consiste en respirar con la parte baja del abdomen, pero de hecho, el aire sólo puede respirarse con los pulmones.

La respiración abdominal simplemente implica mantener el abdomen relajado al respirar. En la inhalación, el diafragma se mueve hacia abajo y durante la exhalación lo hace hacia arriba. Si los músculos de la parte inferior del abdomen se encuentran relajados durante la inhalación, éste se expande, el diafragma tiene más espacio para moverse y los pulmones reciben más aire. De esta forma respiramos más profundamente y, por tanto, recibimos más energía. Si el abdomen está constreñido por la tensión muscular, el diafragma no puede expandirse totalmente. Los seres humanos compensamos esto automáticamente expandiendo el pecho. Esto se conoce como respiración pectoral superficial. La respiración pectoral es menos energética porque los pulmones no pueden expandirse en la misma medida que con la respiración abdominal. Desde el punto de vista fisiológico, los músculos intercostales están diseñados para proporcionar únicamente el 25 por ciento de la fuerza muscular necesaria para llenar los pulmones. El diafragma debe proporcionar el 75 por ciento restante.

La respiración abdominal ayuda a mantener el centro de gravedad en un punto bajo. Además está relacionada con la calma y la relajación. La respiración pectoral y el hecho de mantener el centro de gravedad en un punto alto están neurológicamente relacionados con el estrés, la ansiedad y la hipertensión. Un estudio reciente mostró que más del 70 por ciento de los pacientes hipertensos respiraba con la parte alta del pecho. En otro estudio efectuado en Gran Bretaña, más del 90 por ciento de los pacientes agorafóbicos (personas que sufren un miedo irracional a salir de su casa) fueron tratados con éxito simplemente enseñándoles a respirar abdominalmente cuando experimentaran los síntomas fóbicos. La próxima vez que vea a alguna persona molesta, observe si respira desde el abdomen o si su pecho se mueve hacia arriba y hacia abajo. El equilibrio emocional se recupera con facilidad gracias al efecto calmante que la respiración abdominal tiene sobre la mente.

La respiración abdominal también favorece la circulación sanguínea. El corazón es el órgano encargado de bombear la sangre a todo el cuerpo. Cuando el diafragma se mueve libremente hacia arriba y hacia abajo durante la respiración, su movimiento aumenta y disminuye la presión en la parte inferior de la cavidad abdominal, a través de la cual fluyen las venas aorta y cava. Esto produce una acción de bombeo que reduce efectivamente la carga de trabajo del corazón, pues ayuda a que la sangre venosa regrese a ese órgano. De este modo, la parte baja del abdomen funciona como un segundo corazón.

Asimismo, la suave acción de masaje generada por la respiración abdominal con frecuencia alivia el estreñimiento provocado por la tensión en el abdomen.

Es más fácil respirar de esta manera cuando nuestro cuerpo ha aprendido nuevamente a mantener la columna vertebral alineada con las fuerzas Celeste y Terrestre. Si nuestra columna siempre está curvada hacia adelante, ello impedirá que el diafragma se mueva libremente durante la respiración.

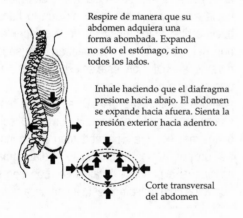

Respire de manera que su abdomen adquiera una forma abombada. Expanda no sólo el estómago, sino todos los lados.

Inhale haciendo que el diafragma presione hacia abajo. El abdomen se expande hacia afuera. Sienta la presión exterior hacia adentro.

Corte transversal del abdomen

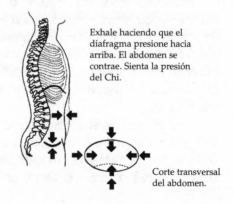

Exhale haciendo que el diafragma presione hacia arriba. El abdomen se contrae. Sienta la presión del Chi.

Corte transversal del abdomen.

La respiración abdominal ayuda a mantener el centro de gravedad en el Tan Tien inferior.

En la respiración de botella, la parte inferior de ésta se llena primero.

La respiración abdominal es la forma natural de respirar. Todos los bebés sanos nacen sabiendo cómo hacerlo. Cuando crecemos y experimentamos las tensiones y los traumas de la vida, nos endurecemos física, emocional y mentalmente. Poco a poco los músculos del abdomen y el diafragma se tensan en ciertas zonas y se vuelven fláccidos en otras, lo que hace que perdamos la mayor parte de nuestra capacidad innata de respirar profundamente.

Para aprender de nuevo a respirar desde el abdomen se necesitan dos cosas: la primera es relajarnos emocionalmente. La segunda es fortalecer los músculos abdominales que se han vuelto fláccidos por falta de uso.

La forma más efectiva de cultivar una respiración uniforme se conoce como "respiración de botella" y recibe este nombre porque se asemeja a la forma en que los líquidos llenan una botella vacía. Cuando vertemos un líquido en un recipiente, éste se llena de arriba hacia abajo.

La respiración profunda es exactamente igual. La nariz es como la abertura y la parte baja del abdomen representa el fondo de la botella. En este tipo de respiración, aprendemos a inhalar suave y uniformemente y a rela-

jar los músculos de la parte inferior del abdomen. Cuando el aire penetra y expande los pulmones, el diafragma se dilata hacia abajo. Si los músculos abdominales están relajados, la expansión del diafragma hace que la parte inferior del abdomen se extienda.

Existe un ejercicio muy sencillo para aprender a respirar desde el abdomen. Puede realizarlo en la cama, justo antes de dormir.

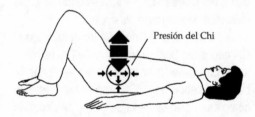

Presión del Chi

Aprendiendo a incrementar la presión del Chi

Simplemente acuéstese boca arriba, con las piernas y brazos extendidos y relajados. Debe vestir ropa amplia y suelta, especialmente en la cintura. Coloque un libro pesado o un ladrillo en la parte baja de su abdomen. Inhale lentamente y tan profundo como le sea posible y exhale lenta y uniformemente con los labios entreabiertos hasta expulsar todo el aire. Cierre la boca y comience a inhalar por la nariz en forma lenta y uniforme. Observe cómo se eleva el libro cuando su abdomen se expande. Puede colocar una almohada bajo su cabeza para ver más fácilmente el movimiento del libro.

Este sencillo ejercicio de levantamiento de peso con el abdomen permite que el cuerpo nuevamente tome consciencia de los músculos de la parte baja del abdomen. Si se practica regularmente durante cierto tiempo, incrementa en gran medida la fuerza del abdomen.

Durante la práctica del Tai Chi Chi Kung, regularmente combinamos la respiración abdominal con la "condensación de la respiración", que consiste en inhalar con la parte baja del abdomen al tiempo que se empujan hacia arriba los músculos del ano y se presiona suavemente hacia abajo con el diafragma. En la práctica del Tai Chi no es necesario ejecutar la "condensación de la respiración", pero nosotros combinamos la respiración abdominal con la contracción ligera de los músculos anales. A esto le llamamos "sellar la parte de abajo". Este ejercicio evita que la energía se fugue a través de los fláccidos músculos de esa parte del cuerpo.

Lo más importante a fin de desarrollar el Chi necesario para practicar el Tai Chi es mantener una presión firme y suave en la parte baja del abdomen. Cuando inhale, sienta cómo esa parte se llena de aire y se expande para formar una bola de presión de Chi en el Tan Tien; simultáneamente, perciba la presión correspondiente que empuja desde afuera. Cuando exhale, presione ligeramente la bola de Chi hacia abajo con el diafragma y los músculos abdominales. Debe sentir la presión interior empujando hacia afuera mientras la presión externa empuja hacia adentro.

Sentirá crecer gradualmente una bola de Chi en su interior. Cuando esto suceda, podrá hacerla girar y trasladarla al coxis para luego hacerla subir por la columna vertebral hasta la cúspide de la cabeza, bajarla hasta la lengua y por la parte frontal del cuerpo hasta el ombligo y de ahí, regresarla hasta el Tan Tien. Pronto podrá dirigir el Chi hasta los brazos y las piernas.

Como la serie de movimientos del Tai Chi se realiza muy despacio, es posible aprender a regular la respiración y a tranquilizar la mente. El control de la respiración comienza con la respiración abdominal, pero después, cuando el cuerpo se abre y la energía comienza a fluir, el practicante de Tai Chi siente como si respirara con todo el cuerpo.

La meditación es uno de los mejores métodos para controlar la respiración. Una vez que hemos aprendido a hacerlo por medio de la meditación sentada o en pie, el Tai Chi nos enseña a mantener una respiración uniforme mientras estamos en movimiento. Por esto se dice que el Tai Chi es una forma de meditación cinética. La estructura adecuada de cada movimiento permite que la respiración llegue a todo el organismo.

La respiración abdominal, cutánea y de la médula ósea es aprendida en el Chi Kung Camisa de Hierro. En el Tai Chi combinamos esas técnicas de respiración con la relajación y la circulación energética y las ponemos en movimiento.

Abra suavemente sus articulaciones por medio de la rotación hacia adentro

Otro de los aspectos importantes del Tai Chi consiste en abrir todas las articulaciones del cuerpo. El estrés que produce la vida moderna generalmente afecta primero a las articulaciones (artritis) y particularmente a las vértebras (problemas de espalda). El estrés en la médula espinal obstruye el flujo del Chi. Esta oclusión afecta posteriormente a los órganos, a las glándulas y al sistema inmunológico, pudiéndose generar enfermedades.

Los taoístas afirman que las articulaciones son puentes o centros energéticos que pueden almacenar y generar Chi y que los tendones están relacionados con ellas. Todos los movimientos del Tai Chi desarrollan esos centros abriendo las articulaciones y fortaleciendo los tendones y hacen que el Chi y la fuerza de los tendones se pueda almacenar y liberar a voluntad.

Los taoístas descubrieron que los movimientos pequeños e internos del Tai Chi generan Chi que se almacena en las articulaciones, mientras que los movimientos exteriores más amplios generan fuerza muscular. El desarrollo interno permite que el Chi comience a llenar los huesos cuando las articulaciones están llenas de esta energía a toda su capacidad. La rotación interna de las articulaciones y los tendones se debe realizar lentamente, usando la mente para llevar el Chi hacia las articulaciones y los tendones. De esta forma, la articulación se abrirá y actuará como un colchón y el Chi podrá ser absorbido por los huesos. Los movimientos rápidos no dan tiempo a la mente para guiar y dirigir la absorción de Chi. La naturaleza actúa de igual forma. Los árboles más fuertes no son aquellos que surgen rápidamente, sino los que crecen lentamente durante cientos de años.

La articulación de la cadera es la primera que abrimos. Esta articulación forma parte del kua, que incluye también a los músculos psoas, el tejido blando, los vasos y los meridianos de la región inguinal. Cuando la articulación de la cadera está cerrada, la ingle se bloquea y los vasos sanguíneos, la linfa y los nervios de la zona inguinal se doblan y se cierran. Esto provoca problemas circulatorios e impide que el Chi fluya libremente. Para practicar la abertura de la articulación de la cadera y de la ingle, mantenga las rodillas sueltas, pero no permita que se curven demasiado. Aprenda a inclinarse primero desde la articulación de la cadera y sienta cómo baja el peso directamente desde la pelvis hasta los talones, no a las rodillas. Para favorecer aún más la abertura de las articulaciones, concéntrese en las coyunturas de los tobillos y dirija el Chi de la articulación de la cadera hasta la articulación del tobillo y de allí hasta los dedos gruesos de los pies.

En segundo lugar, es necesario abrir las articulaciones de la columna. Para hacerlo, puede practicar acumulando el Chi en el Tan Tien inferior (abdomen), sintiendo la bola de Chi y la presión del mismo en ese lugar. Use la mente para hacer girar el Chi en el abdomen como si fuera una pelota rodando de atrás para adelante y permita que la energía se acumule. Después dirija el Chi hacia el coxis y hágalo subir por la columna, presionando la energía hacia los espacios intervertebrales. Esto hará que la columna se estire. La meditación también puede ayudarle a sentir cómo el Chi abre la columna vertebral. Sienta un hilo que pasa por el centro de la columna y tira de la cúspide de la cabeza hacia arriba. Imagine que ese hilo está conectado a una estrella que se encuentra directamente sobre usted. Sienta cómo endereza su cuerpo y alarga su columna. Cuando ésta se abre, la energía fluye hacia los puntos T-2 y C-7 y de ahí pasa a los brazos y las manos.

Para ayudar a abrir todas las articulaciones del cuerpo, incremente el Chi en las articulaciones de los dedos índices de sus manos y los dedos gruesos de sus pies.

Integre toda su estructura y haga girar la fuerza terrestre

Podremos comenzar a transportar la Fuerza Terrestre por nuestras piernas si somos capaces de hacer tres cosas al mismo tiempo. La primera de ellas consiste en relajar nuestros pies para conectarlos con dicha fuerza. La segunda es girar el pie hacia afuera para crear un movimiento en espiral hacia arriba. La tercera es empujar hacia arriba como si fuésemos a saltar.

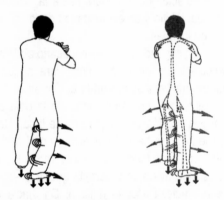

Movimiento en espiral, primera parte: 1. Presione los pies hacia abajo y gire la pierna hacia afuera. 2. Presione hacia abajo y empuje hacia arriba como si fuera a saltar. El Chi le ayudará a abrir las articulaciones.

Realizando estos tres actos en rápida sucesión, permitimos que la Fuerza Terrestre circule hacia arriba.

Cuando esta fuerza llega a la cadera dejamos que continúe hasta la columna y hacemos que transite por ella girando las caderas para afrontar directamente al objetivo de descarga. Este movimiento de la cadera permite que la Fuerza Terrestre continúe subiendo por la columna hasta la vértebra C-7, que es la intersección de los brazos y el cuello.

Posteriormente hacemos que la Fuerza Terrestre fluya hacia el brazo de descarga hundiendo ligeramente el pecho y retrayendo

un poco el mentón como si alguien nos diera un empujón. Esta combinación de movimientos se realiza en un instante. Todas estas acciones, aparentemente inconexas, de giro y descarga, sólo funcionan si coordinamos

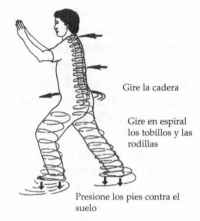

Gire la cadera

Gire en espiral los tobillos y las rodillas

Presione los pies contra el suelo

Movimiento en espiral, segunda parte: Gire la cadera para que apunte directamente hacia adelante. Permita que la fuerza ascienda en espiral hasta el punto T-11

Empuje y gire en espiral los brazos hacia adentro como si estuviera manejando un destornillador

Movimiento en espiral, tercera parte: Hunda el pecho y retraiga el mentón

todos los movimientos como si fueran uno solo, por lo que debemos adquirir cierta habilidad para movernos como si fuésemos de una sola pieza.

La capacidad de hacer circular en espiral la Fuerza Terrestre no es simplemente una aptitud mecánica. En este caso, al igual que en todos los aspectos del Tai Chi, la mente desempeña una función primordial. Si no somos capaces de concentrar nuestra mente en un solo punto, la fuerza que tratamos de descargar se disipará en diferentes grados. El alumno debe integrar mente, cuerpo y espíritu en un solo elemento. Al abrir los canales por medio de la meditación de la Fusión de los Cinco Elementos, incrementamos en gran medida nuestra capacidad para hacer circular el Chi en espiral por todas las partes de nuestro cuerpo.

Distribuya su peso entre los nueve puntos de sus pies

La estructura humana es como un árbol. Las raíces se encuentran en los pies, el tórax y las piernas son el tronco y los brazos son las ramas. El fundamento interior del Tai Chi es la fuerza vital, mientras que el fundamento externo lo constituyen los pies. Estos últimos soportan todo el peso del cuerpo y nos conectan con la Fuerza Terrestre. La doctrina taoísta afirma que los pies son el cable de conexión a tierra de nuestro cuerpo.

Una mesa o una silla es más estable si su peso se distribuye equitativamente entre sus cuatro patas. De igual forma, nosotros adquirimos mayor estabilidad cuando nuestro peso se distribuye entre los nueve puntos del pie. Estos puntos son el talón, el borde exterior, la bola pequeña, la bola grande y los cinco dedos. En el Tai Chi tenemos mucho cuidado de colocar estos nueve puntos en contacto uniforme con el suelo cada vez que damos un paso o apoyamos nuestro peso en uno de los pies. En esos casos, el peso de nuestro cuerpo se coloca en el área central del

pie, conocida como Fuente Brotante. Recibe este nombre porque cuando alineamos nuestro equilibrio en este punto, la energía terrestre parece fluir libremente hacia el cuerpo como si fuera un géiser en actividad.

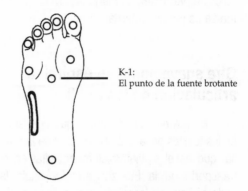

K-1:
El punto de la fuente brotante

El punto K-1 y los Nueve Puntos del pie.

Gire suavemente la articulación de sus tobillos

El proceso de transferencia de la fuerza corporal y el Chi hacia el suelo y de éste hacia el tronco y los brazos comienza en las articulaciones de los tobillos. Al presionar adecuadamente las plantas de los pies y girar suave-

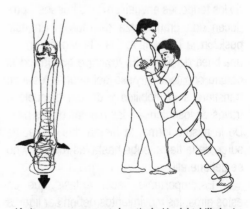

Al girar muy suavemente la articulación del tobillo hacia afuera mientras presionamos el pie contra el suelo contribuimos a trasladar hacia arriba la Fuerza Terrestre.

mente las coyunturas de los tobillos ayudamos a transferir nuestro peso hacia el suelo. Así como un propulsor convierte la fuerza de un fluido en movimiento, esta rotación transforma la fuerza corporal en Fuerza Terrestre que puede ser transportada por la pierna hacia la columna vertebral, sumándose a la propia fuerza estructural interna.

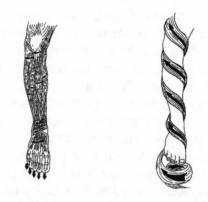

Al girar la rodilla hacia afuera, todos los tendones envuelven al hueso y conducen hacia arriba el flujo de energía

Gire suavemente en espiral la articulación de las rodillas

El movimiento en espiral que comienza en los tobillos pasa a la articulación de la rodilla, que es el siguiente elemento vital en el transporte de la Fuerza Terrestre hacia la cadera. Esto se logra colocando firmemente los pies sobre el suelo y girando ligeramente el fémur con un pequeño movimiento rotatorio de las rodillas. Este movimiento gira y atraviesa la tibia y el peroné que son los huesos de las pantorrillas, generando una fuerza extremadamente grande. Se ha demostrado que al girar en esta forma los huesos pueden soportar una fuerza de hasta una tonelada.

Abre la ingle y estira el músculo psoas

Para transferir la fuerza terrestre desde el suelo hacia arriba, gire la rodilla ligeramente hacia afuera

Cuando este giro de la rodilla se realiza adecuadamente, debido al movimiento giratorio los tendones envuelven a los huesos y producen una gran fuerza de muelle. En esta posición, la Tierra, la rodilla y la cadera forman una línea de poder. En lugar de que la rodilla cargue con todo el peso del cuerpo, éste se transfiere a los tobillos y de ahí al suelo a través de los talones y las plantas de los pies. De la misma forma, la fuerza que de rebote surge de la tierra, sube hasta las rodillas y no se detiene allí.

Es importante hacer énfasis que en estos giros, los movimientos deben ser ligeros y suaves. La rodilla es una articulación delica-

Al girar las rodillas en espiral hacia afuera, la fuerza se traslada a la parte posterior de la pierna, desciende en espiral hasta los pies y de ahí pasa a la tierra

Si giramos demasiado la rodilla, generamos
mucho estrés en esa articulación

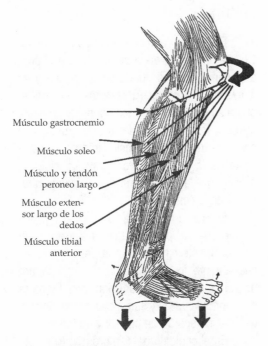

Músculo gastrocnemio

Músculo soleo

Músculo y tendón
peroneo largo

Músculo exten-
sor largo de los
dedos

Músculo tibial
anterior

Los músculos de la parte exterior y posterior de la pierna
se activan al presionar los pies firmemente contra el suelo
y girar la rodilla hacia afuera.

da y debe cuidar de no girarla demasiado.
Escuche a su cuerpo; si siente dolor, ¡deténgase! Para practicar correctamente el Tai Chi
no es necesario emplear demasiada fuerza;
en lugar de ello, debe acumular la fuerza hacia
adentro. Más adelante podrá usar el poder de

la mente, del ojo y del corazón y todas las
fuerzas se moverán combinándose espontáneamente.

Abriendo el Kua y alineando la cadera y el sacro

En el Tai Chi, las posiciones de la articulación de la cadera y del sacro son muy importantes. Comenzamos por abrir la ingle, llamada *kai kua* en chino. Esta palabra se traduce libremente como "extender la base para adquirir mayor firmeza y fuerza". Este nombre refleja la importancia que tiene el estiramiento de esta zona. La importancia de la ingle en la producción de fuerza con los movimientos de empuje del Tai Chi no será nunca excesivamente resaltada. Cuando giramos suavemente las rodillas como se describe líneas arriba, las articulaciones de la cadera se abren y los tendones de la ingle adquieren firmeza. Esto permite transferir la fuerza de las piernas hacia el tronco.

La alineación del sacro determina que nuestra estructura sea fuerte o débil. Relajando la parte baja de la espalda y dejando caer ligeramente la pelvis y el sacro como si tratáramos de meter el coxis entre las piernas, alineamos estructuralmente el sacro con la columna vertebral. Cuando sintamos que nuestros pies se apoyan con más firmeza en el suelo habremos alineado el sacro con las piernas y sentiremos una línea de poder que va de los pies a la ingle, al sacro y que asciende por la columna.

El hueso sacro es también una de las principales bombas del fluido cerebroespinal, cuya función es proteger a los múltiples nervios alojados en la columna. Este hueso también ayuda a bombear el Chi por la espina dor-

63

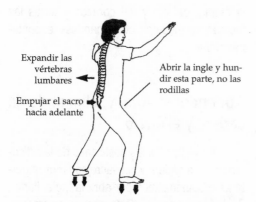

Expandir las vértebras lumbares

Abrir la ingle y hundir esta parte, no las rodillas

Empujar el sacro hacia adelante

Al empujar el sacro hacia adelante y presionar los pies contra el suelo la columna vertebral se alinea totalmente

sal. Por esta razón, cuando activamos el sacro al empujarlo y soltarlo, mejoramos la actividad del sistema nervioso central.

La apertura del kua depende en gran medida de la relajación de los músculos psoas. El Tai Chi Chi Kung, el Chi Kung Camisa de Hierro y el Tao Yin son sistemas de ejercicio interno cuyo propósito es prolongar y liberar el funcionamiento de esos músculos. En el Tai Chi Chi Kung ser consciente de los psoas es de vital importancia. El poder mecánico del Tai Chi surge al usar la fuerza integrada de todo el cuerpo. Dado que los músculos psoas unen a las vértebras inferiores con el kua inferior (la región inguinal y la articulación de la cadera), son de gran importancia como unión entre las piernas y la columna vertebral.

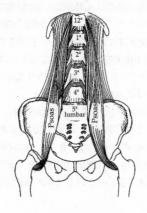

12ª

1ª

2ª

3ª

4ª

Psoas | 5ª lumbar | Psoas

Los músculos psoas también están íntimamente relacionados con los músculos dorsales que van de la parte superior de la columna hasta el húmero y los hombros. Por todo ello, los psoas forman un puente importante entre las partes superior e inferior del cuerpo. Si están relajados y flexibles, la fuerza de las piernas podrá fluir ininterrumpidamente, como una ola, desde las piernas a la columna y de ahí hasta los brazos.

Activar el cinturón de chi en la cintura

El Tan Tien, también llamado Océano de Chi, se encuentra en la parte inferior del área abdominal, que es donde se almacena y se activa el Chi Original. Al desarrollar esa parte, el Chi se extiende hacia los riñones, el hígado, el bazo, los intestinos delgado y grueso y el centro sexual. Esta expansión interna se manifiesta hacia el exterior formando un cinturón de Chi, que es como una faja colocada alrededor de la cintura.

El cinturón de Chi actúa como un puente que une las partes superior e inferior del tronco. Si este cinturón no se desarrolla adecuadamente, los pies, las piernas y la cadera no tendrán ninguna conexión con la parte superior del cuerpo y serán como soldados sin general: carecerán de control y de fuerza.

En el contexto del Cinturón de Chi, esta palabra se refiere a la combinación de respiración y energía. En el Chi Kung Camisa de Hierro aprendemos a usar el diafragma para aumentar la presión de la parte inferior del abdomen en toda el área de la cintura. Esta presión aumentada tiene la misma función que el aire en un neumático o que el mortero entre los ladrillos, pues ayuda a rellenar cual-

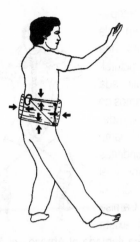

Cuando active el cinturón de Chi, perciba una presión
equivalente del interior y el exterior

energía fluye libremente entre los riñones, la
columna y el corazón.

Los músculos psoas también se relacionan estrechamente con el diafragma. Si son
flexibles, nos permiten respirar más profunda
y fácilmente y usar al máximo el poder del diafragma y la respiración para apoyar nuestros
movimientos y unir las partes superior e inferior de nuestro cuerpo por medio del cinturón
de Chi.

Dirija su fuerza a través de la columna vertebral: el tren de poder

Error: arqueo excesivo de la espalda.

quier espacio débil que haya en nuestra
estructura y une entre sí a las partes superior
e inferior del cuerpo. Pero la fuerza no es está-
tica ni inconsciente, sino dinámica, viva y
consciente, capaz de circular con los movimientos cambiantes del Tai Chi. Esa cualidad
dinámica es el elemento energético del cinturón de Chi.

Los músculos psoas se encuentran
cerca de los riñones y de la Puerta de la Vida.
Esta última es la puerta trasera del Tan Tien y
es allí donde se almacena nuestro Chi
Original. Cuando los músculos psoas están
relajados, el Chi Original fluye fácilmente a los
canales y proporciona energía a nuestros
movimientos. Además, en el Canon Taoísta se
afirma que la relación entre los riñones (elemento agua) y el corazón (elemento fuego) es
la base del equilibrio entre el Yin y el Yang de
nuestro organismo. Los riñones son la raíz, la
columna es el tallo y el corazón es la flor. El
aspecto acuífero de los riñones refresca al
corazón, mientras que el aspecto ígneo de
éste calienta a los riñones. Cuando los músculos psoas están relajados y flexibles, la

La columna vertebral se compone de
veinticuatro vértebras, además del sacro y el
coxis. Une la cabeza, los brazos y las piernas.
El Chi debe pasar por la columna vertebral
antes de circular por la cabeza y las extremidades. Por ello, la alineación de la columna es
una parte esencial en la práctica del Tai Chi.

Cuando está perfectamente alineada, la
columna se llena de poder y puede amplificar
enormemente la fuerza que va de las piernas
a los brazos o de éstos a los pies. Al inclinar

65

La alineación deficiente de la columna, la constricción del abdomen y las emociones negativas evitan que el diafragma se mueva libremente.

ligeramente el sacro y doblar las vértebras T-11 y C-7, nuestra columna adquiere la forma de un arco en la posición de disparo.

Correcto: Alineando la columna con la fuerza de gravedad y doblándola ligeramente hacia afuera, podrá sentir cómo se abren todas sus articulaciones.

Hunda el pecho y los hombros y curve los omóplatos

Los brazos se unen al cuerpo por medio de la clavícula, que se encuentra al frente y los omóplatos, que están en la espalda. Varios grupos de músculos, tendones, ligamentos y tejidos conjuntivos mantienen a esos huesos en su lugar y permiten que se muevan libremente. El punto de contacto entre el brazo y la espalda es la articulación del omóplato y el húmero.

Los omóplatos se unen a la espalda en una forma estructuralmente alineada cuando tiramos de ellos hacia adelante y al mismo tiempo hundimos los hombros y el esternón. En el Chi Kung Camisa de Hierro existe una postura llamada el Abrazo del Arbol, que es particularmente útil para aprender a curvar los omóplatos y a retraer los hombros y el pecho.

Hundir los hombros.

El hundimiento del pecho se logra exhalando un poco, relajando los músculos del pecho y dejando que el esternón se hunda. Al hundir el esternón los omóplatos se mueven lateralmente y hacia el frente.

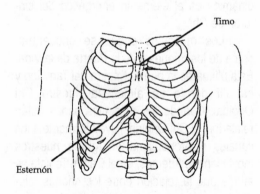

Timo

Esternón

El timo se activa al hundir el esternón

El hundimiento del esternón también activa el timo, que es una glándula endocrina muy importante para el sistema inmunológico ubicada bajo la parte superior del esternón. Este proceso se realiza automáticamente cuando abrazamos un grueso árbol o una

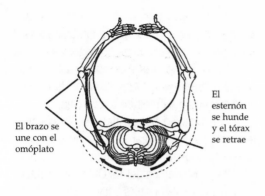

El brazo se une con el omóplato

El esternón se hunde y el tórax se retrae

Omóplatos curvados adecuadamente

pelota grande. Si respiramos crónicamente desde el pecho y tenemos mucha tensión acumulada en los músculos pectorales, nuestro esternón carecerá de flexibilidad. Si intentamos hundir el pecho en esas condiciones, los hombros se elevarán para compensar dicho movimiento.

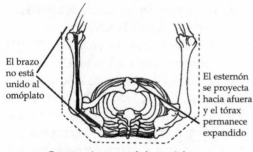

El brazo no está unido al omóplato

El esternón se proyecta hacia afuera y el tórax permanece expandido

Curvatura incorrecta de los omóplatos

Todos los tendones, músculos y ligamentos se extienden totalmente desde la columna, pasando por la espalda, hombros y brazos, hasta las puntas de los dedos

La práctica del Chi Kung Camisa de Hierro es una gran ayuda para aprender a relajar el pecho y el diafragma. La condensación de la respiración (que se aprende en esa disciplina), cuando es aplicada a los diferentes puntos del abdomen y la espina dorsal, libera las tensiones acumuladas y fortalece los músculos, los tendones, los tejidos y la médula ósea. Además, la postura del Abrazo del Arbol

es un excelente punto de partida para el Tai Chi de los Trece Movimientos. Como veremos en el capítulo 4, el conocimiento de la Camisa de Hierro facilita la práctica del Tai Chi. Por ello, en el Tao Curativo consideramos al Tai Chi como "Camisa de Hierro en movimiento".

La curvatura de los omóplatos y el hundimiento del pecho son factores clave para descargar la energía, pero no son los únicos elementos. La postura de los pies y rodillas permite que la Energía Terrestre suba por las piernas y la columna, llevando una suave fuerza curativa a todo el cuerpo.

Curvatura de los omóplatos

Activar y alinear los puntos Er Chui Hsia (T-2), Ta Chui (C-7) y T2

El punto T-2 se localiza justo bajo el proceso espinal de T-2. La séptima vértebra cervical (C-7) es el proceso espinal mayor en la base del cuello. Los chinos llaman a esta parte Ta Chui, que significa "vértebras grandes". En la práctica taoísta, se considera que estos huesos son los principales puntos de poder unidos a los brazos. Todos los canales de energía Yang de nuestro cuerpo se unen en esos sitios, que se conocen también como puntos de control de todos los tendones. Para activarlos hunda el pecho, curve los omóplatos y retraiga suavemente el mentón.

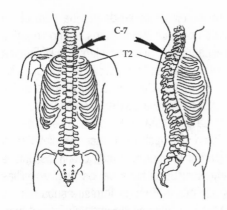

El cuello también desempeña una función importante en la transferencia de la fuerza Terrestre a los brazos. Si no se encuentra alineado, la fuerza se atora en él y trastorna toda la estructura.

Relaje su cuerpo y tranquilice su mente

La tensión es inversamente proporcional a la sensibilidad: a mayor tensión, menor sensibilidad. Si permanecemos relajados, nuestros sentidos serán más receptivos ante nuestro oponente. En las artes marciales es muy importante percibir los puntos fuertes y débiles del rival. De esa forma podremos redirigir la mayor parte de su fuerza y atacar simultáneamente sus puntos débiles e indefensos.

Por el contrario, si dependemos de nuestra fuerza muscular, nuestras reacciones serán tensas, insensibles, excesivas e inadecuadas. Desperdiciaremos nuestra energía al enfrentar directamente la potencia del oponente y usaremos fuerza contra fuerza, aplicando un esfuerzo máximo para obtener resultados mínimos. Esto se llama ineficiencia.

El principio de la economía de movimientos surge del estado de armonía interna.

Es difícil trastornar o desequilibrar a una mente en paz. Este principio también es vital en nuestra vida diaria, en los negocios o en el combate. Si nuestras reacciones son excesivas y actuamos en forma desmedida o innecesaria, nos ponemos en desventaja.

El principio básico del Tai Chi consiste en aprender a relajarnos, tranquilizarnos y mantener nuestra mente clara tanto al efectuar los movimientos del Tai Chi como al hacer negocios o realizar otras actividades.

El practicante de Tai Chi es como un tigre que camina tranquilamente por la pradera y cuya fortaleza es evidente. Este estado interno de calma y poder se enriquece con las meditaciones sentadas como la Sonrisa Interior y la Orbita Microcósmica y con las meditaciones en pie del Chi Kung Camisa de Hierro. Ambos tipos de meditación exigen que la estructura física se encuentre alineada, de manera que no haya tensión. Una estructura deficiente produce estrés y dificulta la relajación.

En ocasiones se confunde a la relajación con el hecho de dejar que todas las cosas lleguen al punto de colapsar las estructuras física y mental. Esto es falso. El Tai Chi es el equilibrio entre el Yin y el Yang. Por eso pretendemos liberar cualquier tensión innecesaria, sea mental o física y permanecer mentalmente alerta y físicamente equilibrados. Relajarse significa dejar de lado cualquier preocupación física y mental para entrar en un estado de receptividad y abertura más elevado.

Los Clásicos del Tai Chi dicen: "despréndete de tu voluntad y sigue a la de los demás." En las artes marciales, esto quiere decir que cuando te liberas de tus preocupaciones, te vacías, despiertas, te vuelves limpio como un espejo y puedes percibir de inmediato cuándo tu oponente está a punto de atacar. Si permaneces relajado y no reaccionas excesivamente, puedes responder en forma instantánea y adecuada, utilizando la fuerza de tu oponente contra sí mismo. Con un pequeño esfuerzo, puedes unirte al Chi del ataque de tu rival y dirigirlo hacia donde lo desees. Los Clásicos del Tai Chi llaman a esto "usar sólo cien gramos de [tu] fuerza para desviar cincuenta kilos [de la fuerza de tu oponente]". Sólo podemos adquirir esta habilidad si aprendemos a relajarnos, especialmente en medio de un conflicto.

Es mejor comenzar a practicar la relajación durante la meditación sentada o acostada. Como el cuerpo se encuentra inmóvil, resulta más fácil concentrarnos en eliminar tensiones físicas o mentales. Posteriormente podremos incorporar este estado de relajación en nuestra práctica del Tai Chi; la profundidad de la relajación que se experimenta en la meditación se integra a una gran variedad de movimientos.

Cualquier movimiento corporal implica contracción y liberación muscular. Es imposible mover la estructura sin tensar y contraer series enteras de músculos y tendones. El reto del Tai Chi consiste en ejecutar todos los movimientos sin tensar o apretar hasta el punto de interferir con el flujo de energía y aprender a relajarnos una vez que el movimiento ha concluido de manera que podamos sentir el Chi recién adquirido. Esto se conoce como Wu Wei, es decir, hacer las cosas sin ningún esfuerzo, e implica usar el mínimo de energía para conseguir el máximo de resultados. Los Clásicos taoístas están llenos de referencias al Wu Wei, sin embargo, en ningún lugar se demuestra mejor que en los movimientos suaves y fluidos del Tai Chi.

En otra parte de los Clásicos del Tai Chi se aconseja: "Usa la mente, no la fuerza". El entrenamiento de la mente/ojo/corazón dirige al Chi, moviendo la sangre y la estructura corporal sin depender excesivamente de los músculos. El gasto energético es mínimo y produce una mayor sensación interna de bienestar.

Distinga claramente el Yin y el Yang

En el universo, toda manifestación es una interacción entre el Yin y el Yang. Del mismo modo, todos los movimientos del Tai Chi son una interacción constante entre estas dos fuerzas. Sin el Yin y el Yang, es decir, sin lo activo y lo pasivo, no habría movimiento. La práctica del Tai Chi recrea el proceso de la expresión cósmica por medio de la secuencia de movimientos.

El estado primordial (Wu Chi) se manifiesta en la primera postura, que consiste en permanecer de pie, totalmente centrado y equilibrado, es decir, sin manifestarse. En el momento en que separamos las piernas y comenzamos a movernos, se activa el proceso del Yin y el Yang. En el Tai Chi, estas fuerzas se consideran principalmente en términos de sustancial (Yang) e insustancial (Yin). Esto es lo que genera el flujo de energía.

Lo sustancial (Yang) en el Tai Chi es un término relativo y designa al elemento más activo del momento. Al referirse a las piernas, puede significar que todo el peso o la mayor parte de él se apoya en un pie. Al referirse a los brazos, puede significar que uno de ellos está al frente, descargando energía por medio de un golpe o empuje.

Lo insustancial (Yin) se refiere al otro

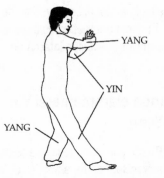

brazo o pierna, que en ese momento desempeña una función de apoyo y estabilidad.

En términos de avance y retroceso, el primero es Yang y el segundo es Yin. En términos de respiración, la inhalación es Yin y la exhalación es Yang. Levantar los brazos es Yang, bajarlos es Yin.

Nuestro peso se traslada constantemen-te de una pierna a otra. Al mismo tiempo, un brazo y una mano son dominantes, mientras que los otros desempeñan una función de apoyo. Al igual que las piernas, el brazo activo cambia constantemente.

La consciencia de lo sustancial y lo insustancial tiene un propósito bastante práctico fuera de su aplicación en las artes marciales. Cuando nuestro cuerpo aprende a moverse pasando constantemente de la plenitud al vacío y viceversa, resulta evidente que podemos aplicar los mismos principios a nuestros esfuerzos sociales, nuestras relaciones personales, nuestra carrera o a la política. Aprendemos a manejar efectivamente el Yin y el Yang y distinguimos cuándo debemos avanzar y cuándo retroceder en nuestra vida diaria.

Coordine lo exterior y lo interior, la mente y el cuerpo

Otra de las reglas de la circulación de la energía indica que la fuerza vital sigue a la intención de la mente/ojo/corazón. Los Clásicos del Tai Chi dicen: "La intención de la mente dirige y el Chi la sigue; el Chi dirige y el cuerpo lo sigue". De esta forma, si la intención de la mente es mover el brazo derecho hacia abajo, la fuerza vital contribuirá a realizar ese movimiento.

Los Clásicos del Tai Chi dicen también: "Usa la intención de la mente, no la fuerza muscular". Al usar la mente/ojo/corazón para movilizar el Chi, realizamos nuestros movimientos con un esfuerzo mínimo. En el Tai Chi aprendemos a movernos usando sólo la cantidad adecuada de energía para cumplir con nuestro propósito: nunca demasiada ni demasiado poca; nunca demasiado temprano ni demasiado tarde.

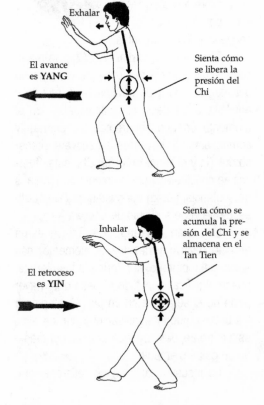

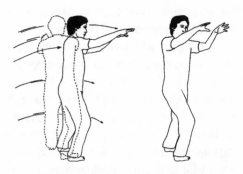

Moviendo la estructura como una unidad

Uno de los principios básicos del Tai Chi consiste en moverse en secuencias coordinadas y continuas, con todas las partes del cuerpo unidas entre sí y trabajando en armonía. Este continuo fluir se manifiesta como gracia en la estructura física, mientras en la estructura emocional asume la forma de equilibrio emocional y firmeza de carácter. Esto es lo que llamamos integridad. El hecho de que esta palabra se utilice tan poco en la actualidad refleja el desequilibrio de nuestra estructura mental y emocional, así como nuestra falta de integración.

El logro de una estructura integrada es un proceso de reparación que tiene lugar en diferentes niveles. El más básico de ellos es el flujo energético en el cuerpo. Si la fuerza vital es incapaz de circular sin obstáculos, algunas áreas del cuerpo se verán afectadas de inmediato con un exceso o con una falta de energía. Esto se manifiesta en nuestros pensamientos, nuestras emociones y en la forma en que nos movemos.

Como mencionamos anteriormente, los estados mentales y emocionales se reflejan en la estructura física. La energía emocional negativa inhibe el movimiento. Con el paso del tiempo las emociones comienzan a alojarse en los músculos, los órganos y los tejidos, provocando tensión y restringiendo nuestros movimientos. La meditación de la Orbita Microcósmica elimina esos bloqueos energéticos restaurando el flujo de energía.

El estudiante de Tai Chi que carezca de equilibrio mental y estabilidad emocional, con frecuencia luchará en vano por moverse como una unidad. Sin la ayuda de la meditación, le tomará muchos años de práctica llegar al estado de equilibrio mental y emocional que produce la integridad física.

Las emociones de alegría, furia, miedo, tristeza, preocupación, amor y respeto entre otras, son las formas de energía más poderosas que experimentamos en nuestra vida ordinaria. La capacidad de expresar plenamente las emociones es una de las características de una personalidad dinámica e integrada.

Sin embargo, no debemos estar a merced de las emociones. La meditación de la Fusión de los Cinco Elementos es uno de los métodos más poderosos para regularlas y transformar cualquier exceso de energía emocional en fuerza vital equilibrada. Los taoístas experimentan plenamente sus emociones y las dejan fluir una vez que cesa la situación que las provocó. La práctica regular de la meditación de la Fusión genera gradualmente un estado de equilibrio e integridad emocional que se manifiesta en firmeza de carácter y fortaleza interior.

La práctica del Tai Chi permite expresar ese estado emocional en movimientos integrados animados interiormente. Cada movimiento se convierte en una expresión de la mente, el cuerpo y el espíritu actuando como una unidad.

Aprender a mover la estructura como una unidad tiene muchos niveles de refinamiento. Generalmente empleamos una combinación de músculos, tendones y huesos para movernos, pero hacemos poco énfasis consciente en el uso de nuestro Chi. En el Tai Chi, la situación se invierte por completo. El hecho de adquirir cada vez más consciencia de la fuerza vital en las meditaciones sentadas, de pie y en movimiento, nos permite sentir claramente la circulación de la energía en las extremidades y en el tronco. Una de las reglas de la circulación energética dice que cuanto más relajados estamos, más fácilmente se realiza la circulación de la energía. El primer reto para el practicante de Tai Chi consiste en relajarse al máximo en cada movimiento y sentir una calma y una fuerza internas que permitan que la energía circule tan rápido como sea posible. El siguiente nivel de refinamiento consiste en hacer que los movimientos surjan de la fuerza vital y no de la contracción mecánica de los músculos, los huesos y los tendones.

La fuerza vital circula por el cuerpo a través de los meridianos, por tanto, el requisito previo para incorporarla a nuestros movimientos es abrir los canales. También en este caso, una buena formación en meditación constituye una base sólida para abordar esta etapa tan sutil del Tai Chi. Si permitimos que la fuerza vital fortalezca nuestros movimientos, lograremos que el Chi fluya como un río y esto, a su vez, nos permitirá movernos suave y continuamente, sin variaciones rítmicas bruscas.

4

Ejercicios de calentamiento y preparación

La práctica es esencial tanto para los aprendices como para los expertos. Sin embargo, una sesión de práctica puede ser infructuosa si el cuerpo no ha sido antes preparado para manejar la energía que está a punto de absorber. Por esta razón, hemos incluido los siguientes ejercicios adicionales al entrenamiento del Tai Chi. El término calentamiento implica activar el Chi y el flujo sanguíneo y vigorizar la circulación de ambos en todo el cuerpo. Los ejercicios de *calentamiento* son particularmente importantes para las áreas corporales que se estiran con poca frecuencia, como la columna vertebral y el hueso sacro. Ni siquiera las personas que realizan ejercicios musculares y aeróbicos están preparadas para manejar grandes cantidades de energía. La falta de un calentamiento adecuado antes del ejercicio hace que los músculos se pongan rígidos, se contraigan y carezcan de una irrigación sanguínea adecuada para enfrentar la súbita demanda impuesta por una actividad vigorosa. Esta es una de las principales causas de las lesiones deportivas.

A continuación se presenta una serie de ejercicios especiales que incrementan la receptividad corporal y la agudeza mental necesarias para la práctica del Tai Chi. Los ejercicios de calentamiento del Tao Curativo son suaves y efectivos. Asimismo, descubrirá también que son fáciles de aprender y realizar.

Escuche los mensajes de su cuerpo cuando haga los distintos ejercicios. El dolor es la señal de alerta que su organismo le envía cuando se extralimita. La meta no consiste en estirarse al máximo ni en desarrollar las masas musculares, sino aflojar las articulaciones y los músculos para lograr que el Chi fluya sin impedimentos. No se fuerce hasta el límite; es mejor que actúe con mesura, especialmente al principio. Si siente algún dolor o molestia en las articulaciones al practicar alguno de los ejercicios, reduzca su intensidad hasta que se sienta cómodo. Si aún así siente tensión o dolor, omita el ejercicio.

Tenga especial cuidado si padece alguna lesión, problema crónico o limitación física. Si es gentil y amable con su cuerpo, éste comenzará a confiar en usted y se relajará por sí mismo. Descubrirá que puede relajarse más profundamente sin esforzarse. De esta manera progresará en forma natural, gradual y segura.

El Tai Chi le enseña a reorganizar su forma de moverse y en particular, a coordinar todos sus movimientos desde su centro y a usar el poder de la cintura y del Tan Tien inferior para desplazarse con fuerza, estabilidad e integridad. Por esto, muchos de los ejercicios de calentamiento hacen énfasis en el desarrollo de la cintura.

Aflojamiento de la cintura

1. Coloque los pies paralelos y sepárelos a una distancia ligeramente mayor que el ancho de sus hombros. Deje que sus brazos cuelguen libremente en sus costados.

Comience a girar la cadera de un lado para otro. Deje que sus brazos se balanceen natural y libremente con el impulso de la cadera. Experimente hasta dónde puede girar su cadera en forma natural y cómoda. No vaya a los extremos; mantenga sus movimientos dentro de una zona de comodidad y libertad.

2. Después de girar sólo la cadera unas 10 o 12 veces, relaje y afloje las vértebras lumbares y permita que giren suavemente con el movimiento. Este debe partir de la cadera y permitir que las vértebras lumbares reaccionen.

3. Seguidamente, haga que la parte media de su columna, la parte superior de su espalda y su cuello giren suavemente con el movimiento. Mantenga los hombros sueltos y permita que sus brazos se balanceen con el movimiento. No utilice la fuerza para mover los brazos; suéltelos completamente y deje que se muevan con el vaivén del cuerpo. Al mismo tiempo, adquiera consciencia de la ligera torsión que se produce en las articulaciones de la rodilla y el tobillo cuando gira todo el cuerpo. Realice este ejercicio al menos 36 veces hacia cada lado.

Abriendo la puerta de la vida

1. Comience con la misma postura que en el aflojamiento de la cintura. Gire hacia la izquierda como en el ejercicio anterior, iniciando el movimiento desde la cadera. Permita que el brazo derecho se balancee hacia el frente y levántelo hasta la altura de su cabeza, con la palma de la mano apuntando hacia afuera. Al mismo tiempo, deje que su brazo izquierdo gire hacia su espalda y coloque el dorso de la mano sobre la Puerta de la Vida (el punto de la columna opuesto al ombligo).

2. Cuando se haya estirado al máximo, relájese y extiéndase de nuevo, aflojando la parte baja de la espalda. Sienta el ligero estiramiento procedente del área de la Puerta de la Vida y no de los hombros. Estírese de esta forma dos o tres veces.

3. Gire hacia la derecha y repita los pasos anteriores hacia ese lado. Repita el ejercicio nueve veces con cada lado.

Ejercicio del molino de viento: abriendo las articulaciones intervertebrales

Realice cada fase de este ejercicio muy lenta y cuidadosamente.

Extensión frontal exterior

1-3. Comience con la misma postura que en el aflojamiento de la cintura. Una las manos y enganche los pulgares. Mantenga las manos cerca del tronco. Inhale y levante los brazos hasta extenderlos por encima de la cabeza, con los dedos apuntando hacia arriba. Estírese suavemente en esta posición, inclinando la columna vertebral ligeramente hacia atrás. Incluso puede decir "Ahhhh" como cuando se estira al levantarse por la mañana.

4-5. Comience a exhalar suavemente e inclínese hacia adelante, estirándose hacia el frente tanto como le sea posible. Mantenga la cabeza entre sus brazos. Trate de sentir cómo las articulaciones de la columna se aflojan una a una, con un movimiento en forma de onda. Doble primero las vértebras lumbares, después las del tórax y finalmente las cervicales. Al llegar a ese punto estará totalmente inclinado.

> **"Pon atención a la cintura en todo momento.**
> **Relájala completamente y el Chi fluirá del Tan Tien y**
> **circulará libremente por todo tu cuerpo".**
>
> *Canción de los Trece Movimientos*

6-9. Enderécese lentamente. Sienta una vez más cómo se abre cada articulación intervertebral, comenzando por el sacro, las vértebras lumbares, las torácicas y las cervicales. Mantenga los brazos y la cabeza colgando pesadamente hasta quedar totalmente erecto. Repítalo de 3 a 5 veces. Termine con los brazos sobre la cabeza como al final del paso 1.

Extensión frontal interior

1-3. Haga los mismos movimientos pero en sentido contrario. Dirija las puntas de sus dedos hacia el suelo y baje los brazos lentamente, manteniendo las manos cerca del tronco. Cuando las manos hayan descendido totalmente, comience a doblarse hacia adelante; afloje la cabeza, las vértebras cervicales, las torácicas y las lumbares hasta quedar completamente inclinado como al final del paso 2 del ejercicio anterior. Sienta cómo se abre cada articulación intervertebral.

4-5. Mantenga la cabeza entre los brazos y comience a enderezarse extendiendo los brazos hacia el frente. Al final, sus brazos deberán estar totalmente rectos sobre su cabeza. Repita el ejercicio de 3 a 5 veces.

Extensión exterior hacia la izquierda (inclinación hacia el lado izquierdo)

1. Mantenga los brazos extendidos hacia arriba y la cabeza entre éstos. Inclínese hacia la izquierda. Debe sentir un ligero estiramiento en el lado derecho de la cintura. Continúe estirándose e inclinándose hacia ese lado hasta quedar completamente agachado.

2. Mueva circularmente los brazos hacia la derecha hasta que vuelvan a estar sobre su cabeza. Repitalo de 3 a 5 veces.

Extensión exterior hacia la derecha (inclinación hacia el lado derecho)

Repita los mismos movimientos de estiramiento lateral del ejercicio anterior, pero ahora inclínese hacia la derecha. Repitalo de 3 a 5 veces.

Conclusión

Para terminar, desenganche los pulgares y deje que sus brazos regresen lentamente a sus costados.

  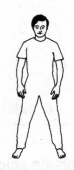

Ejercicios de torsión de los tendones

En estos ejercicios, estiramos y giramos los tendones de las muñecas, los codos y los hombros para aumentar su flexibilidad y poder. Deberá sentir estos movimientos como si estuviera metiendo un tornillo en un muro.

Torsión corta de los tendones

1. Comience estirando ambos brazos hacia adelante. Gire sus manos hacia afuera con un movimiento circular en espiral. Continúe girando hasta formar un pequeño círculo y regresar a la posición inicial. Al hacer esto, sus muñecas y sus codos deben torcerse completamente, de manera que si escucha con atención, percibirá el crujido de los tendones al estirarse. Su espalda debe estar relajada y curvada. Repítalo de 3 a 9 veces.

2. Repita el ejercicio hacia el frente, hacia arriba, hacia ambos lados al mismo tiempo y luego hacia abajo, por la parte frontal del cuerpo.

3. Repita los pasos 1 y 2, invirtiendo el sentido de la torsión de los tendones.

Torsión amplia de los tendones

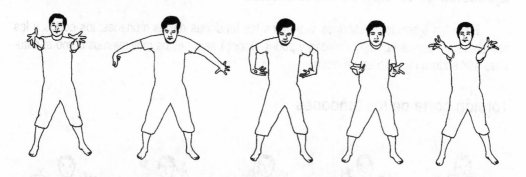

1. Este ejercicio es igual que el de la torsión corta de los tendones, pero en él se describe un círculo más amplio. Sólo deberá practicarlo hacia adelante. Repítalo entre 3 y 9 veces.

2. Repita el paso 1 pero invierta la dirección de la torsión y la apertura de las articulaciones.

Rotación de la cabeza y apertura de la articulación del cuello

  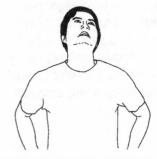

1. Deje que su cabeza cuelgue hacia adelante. Sólo relájese y sienta cómo el peso de su cabeza provoca un ligero estiramiento en la parte posterior del cuello. Deje que ese peso proporcione toda la soltura y la fuerza; ello le ayudará a relajarse profunda-mente y a dejarse ir, además de evitar el riesgo de lesiones por estiramiento excesivo.

2. Deje que su cabeza gire hacia la derecha. Perciba el estiramiento en el lado izquierdo del cuello.

3. Deje que su cabeza gire suavemente hacia atrás. Sienta su peso y perciba el estiramiento de la parte fron-tal del cuello.

4. Deje que su cabeza gire hacia la izquierda y sien-ta el estiramiento en el lado derecho del cuello.

5. Repita los pasos 1 a 4 dos veces más y haga el ejercicio tres veces en direc-ción contraria.

Rotación de los hombros y apertura de las articulaciones

 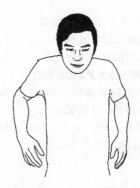

Este ejercicio incrementa su poder escapular. Muchas personas, en especial las que po-seen una espalda fuerte, desarrollan puntos de tensión en los hombros. En este ejercicio afloja-mos y curvamos los omóplatos para adquirir el tipo de poder escapular que poseen los tigres y otros felinos mayores.

1. Comience colocando sus pies paralelos y a una distancia un poco mayor que el ancho de sus hombros. Relaje todo su cuerpo, en especial los hombros, los omóplatos y la espalda. Mantenga las palmas de las manos ligeramente apoyadas en los muslos durante todo el ejercicio.

2. Levante los hombros.

3. Llévelos hacia adelante.

4. Tire de ellos hacia abajo.

5. Tire de ellos hacia atrás.

6. Repita ocho veces más los pasos 1 al 4.

7. Invierta la dirección: levante los hombros, empújelos hacia atrás, bájelos y empújelos hacia adelante. Repita nueve veces.

Rotación de la cadera

1. Coloque los pies paralelos y separados a una distancia ligeramente mayor que el ancho de sus hombros. Ponga las manos a ambos lados de su cadera. Al realizar los giros, mantenga la cabeza directamente sobre los pies.

Muévase lentamente y sin esfuerzo. Respire profundamente y en forma continua.

2. Proyecte la cadera hacia adelante.

3. Gírela hacia la derecha formando un gran arco.

4. Muévala hacia la espalda, formando nuevamente un arco.

5. Gírela hacia la izquierda.

6. Repita ocho veces más los pasos 2 al 5.

7. Invierta la dirección del movimiento y repita nueve veces los pasos 2 al 5.

Rotación de las rodillas

 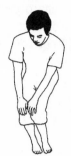 

1. Junte los pies. Doble las rodillas y coloque las palmas de sus manos sobre las rótulas.

2. Gire las rodillas lenta y suavemente hacia la izquierda.

3. Gírelas hacia atrás.

4. Gírelas hacia la derecha.

5. Repita los pasos 1 al 4 ocho veces más.

6. Invierta la dirección y repita nueve veces.

Rotación y apertura de las articulaciones del tobillo, la rodilla y la cadera

Es muy importante mantener abiertas las articulaciones para almacenar adecuadamente la energía. Esto hace que la misma esté disponible para fluir al interior de los huesos. El presente ejercicio ayuda a lograr este objetivo y a dar flexibilidad a los tendones, a fin de que no se sometan a un estrés excesivo durante la práctica del Tai Chi.

1. Levante la pierna derecha y coloque sus manos en la cadera. Gire el tobillo de izquierda a derecha entre 9 y 36 veces y el mismo número de veces de derecha a izquierda.

2. Seguidamente, sin bajar la pierna, gírela desde la rodilla haciendo círculos de izquierda a derecha. Repítalo de 9 a 36 veces. Repita el ejercicio el mismo número de veces de derecha a izquierda.

3. Mantenga la pierna levantada y gírela con un movimiento circular desde la articulación de la cadera. Repita de 9 a 36 veces de izquierda a derecha y otras tantas de derecha a izquierda.

4. Finalmente, de una patada hacia el frente doblando la pierna en ángulo recto y levantándola tan alto como le sea posible. Tenga cuidado con esto al principio. Levante con cuidado la pierna para no lastimar accidentalmente el tendón que corre por su parte posterior.

5. Repita estos pasos con la otra pierna.

Golpeo del Tan Tien

Dado que el Tan Tien es el principal centro de almacenamiento de Chi de nuestro cuerpo, es necesario activarlo antes de practicar el Tai Chi.

1. Relaje totalmente los brazos y permita que cuelguen libremente.

Balancéelos graciosamente de izquierda a derecha. Al girar hacia la izquierda, su mano derecha vendrá al frente de su cuerpo, golpeando la zona del ombligo con la palma, exactamente al mismo tiempo que el dorso de la mano izquierda golpea la Puerta de la Vida, que se encuentra en el lado opuesto del ombligo.

2. Luego, al girar hacia la derecha, la mano izquierda pasa al frente del cuerpo y su palma golpea el área del ombligo exactamente al mismo tiempo que el dorso de la mano derecha golpea la Puerta de la Vida.

3. Repita el ejercicio 36 veces hacia cada lado.

Rebote y sacudimiento de las articulaciones

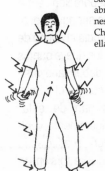

Sacudiéndose para abrir las articulaciones y sentir cómo el Chi penetra en ellas.

El rebote del cuerpo puede compararse con un viaje corto en el metro. Los lectores que viajan pueden practicarlo camino al trabajo.

1. Relaje el cuerpo mientras se concentra en abrir las articulaciones. Rebote en el suelo sin ninguna tensión.

2. Deje que la vibración de los talones ascienda por todo su esqueleto hasta la columna vertebral y de allí al cuello y al cráneo. Los hombros y los brazos vibran mientras cuelgan sueltos a ambos lados de su cuerpo. Puede enriquecer esto murmurando una vocal, a fin de escuchar la vibración que hará temblar su voz.

3. Descanse y sienta cómo el Chi entra en sus articulaciones.

Ejercicios de conexión energética

Cuando hablamos de practicar la recolección, dirección y almacenamiento de la energía, la primera pregunta que hacen quienes no están familiarizados con el Tai Chi es, "¿qué energía?" A continuación presentamos una serie de ejercicios que no sólo preparan al cuerpo para conectarse con ésta, sino que también mejoran la unión entre la mente y el ojo.

Lavando el cuerpo con las Energías Celeste y Terrestre

LA ESTRUCTURA INTERNA DEL TAI CHI

1. Colóquese en pie, en la postura del Abrazo del Arbol. La separación entre sus pies debe ser equivalente a una vez y media el ancho de su espalda y los nueve puntos de los pies deben apoyarse firmemente contra el suelo. Las rodillas han de estar dobladas y ligeramente vueltas hacia afuera, produciendo la correspondiente torsión en los tobillos y caderas. Esta postura "atornilla" su cuerpo al suelo e inicia la conexión con la Tierra. Enderece la columna empujando el sacro hacia adentro (esto incrementa la conexión con la tierra) y retraiga el mentón para unirse con la Energía Celeste.

2. Estire los brazos hacia abajo y hacia adelante, con las palmas de las manos ahuecadas y apuntando hacia arriba. Acarree lentamente la energía Terrestre hacia su cuerpo (al principio, utilice su imaginación hasta que adquiera sensibilidad). Perciba simultáneamente una sensación sanadora de color azul, fresca y acuosa, que asciende por todo su cuerpo mientras levanta las manos, hasta que éstas queden perfectamente extendidas por encima de su cabeza.

3. Gire hacia arriba las palmas de las manos y conéctese con la Energía Celeste.

4. Arquee lentamente los brazos hacia abajo y a los lados. Simultáneamente, sienta cómo desciende la Energía Celeste por todo su cuerpo al nivel de sus manos. Puede sentir esta energía como una sensación expansiva, semejante al fuego y de color blanco, que limpia su cuerpo de arriba abajo hasta llegar al suelo. En ese momento, sus manos deberán regresar a su posición original.

5. Repita este ejercicio entre 9 y 36 veces hasta que se sienta completamente saturado de ambos tipos de energías.

Conexión del entrecejo con la Energía Cósmica

El entrecejo

1. Repita la postura del Abrazo del Arbol descrita en los dos primeros pasos del ejercicio anterior, pero ahora en pie frente al sol o la luna. Si elige el sol, deberá hacer este ejercicio solamente al amanecer o al atardecer, pues en esos momentos la luz solar es más suave y no dañará su vista. Cierre los ojos y hágalos descansar siempre que la luz sea demasiado intensa.

2. Levante lentamente las palmas de las manos hacia el frente del cuerpo, doblando ligeramente los codos hacia afuera. Levante los brazos justo por encima del entrecejo y forme un triángulo con los pulgares e índices de ambas manos. Encuadre al sol o la luna en el centro de ese triángulo.

3. Mantenga esta postura y absorba la energía Yang (sol) o Yin (luna) a través del entrecejo.

4. Acumule un poco de saliva en la boca y mezcle con ella la energía absorbida para formar una bola de energía Chi en su boca. Esto incrementará la cantidad de saliva producida.

5. Extienda ligeramente el cuello. Trague la saliva con un fuerte movimiento de deglución y diríjala mentalmente hacia el ombligo. Sienta cómo se calienta esa parte al llegar esta nueva energía.

6. Repita estos pasos de 9 a 36 veces. Para terminar, baje lentamente los brazos hacia el ombligo y coloque la mano izquierda sobre la derecha para recoger la energía, realizando movimientos en espiral como se describe líneas arriba.

"¿Puedes abrazar el papel de la receptividad femenina abriendo y cerrando las Puertas del Cielo?"

Tao Te Ching, Capítulo 10

Conexión entre las palmas y el ombligo

1. Coloque las palmas de ambas manos a unos 5 cm del ombligo.

2. Inhale lentamente y permita que su abdomen se llene totalmente de aire.

Mientras lo hace, saque un "hilo" de energía del ombligo, tirando ligeramente de él hacia el frente, con el centro de las palmas de sus manos.

3. Exhale lentamente y sienta cómo el "hilo" regresa nuevamente al ombligo.

4. Repita nueve veces este ejercicio y recoja la energía en el ombligo.

Conexión con el árbol, retroceso y empuje

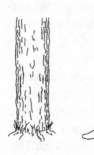

1. Encuentre un árbol que emane energía positiva. Es muy importante elegir el árbol adecuado, pues existen especímenes con energía negativa.

2. Póngase en pie frente al árbol y asuma la postura de Retroceso colocando su pierna hacia adelante. Sus dedos deben apuntar hacia el árbol.

3. Al avanzar hacia la posición de Empuje, sienta la conexión que se produce cuando la energía que despiden sus dedos se une a la energía positiva del árbol. Proyecte hacia éste las emociones enfermizas o negativas para que sean sanadas y se reciclen a través de la tierra.

4. Retroceda y absorba la energía positiva recién procesada.

5. Repita este proceso Yin y Yang 9, 18 o 36 veces. Este ejercicio es particularmente efectivo para sensibilizarnos ante la energía en la forma del Tai Chi.

EJERCICIOS PARA LA ESTRUCTURA

Los siguientes ejercicios incrementan el poder y la fuerza estructural. Una vez que la energía puede fluir, es importante alinear la estructura para conducir dicha energía a los diferentes conductos y a las partes del cuerpo que necesiten sanación y fortaleza. Estos ejercicios se concentran particularmente en la apertura y desarrollo de áreas específicas, para permitir el flujo energético adecuado.

Postura en una pierna con el brazo levantado

La conexión entre el Cielo y la Tierra a través del cuerpo humano es uno de los conceptos principales de la práctica del Tai Chi. La fuerza sólo puede fluir si los canales se encuentran abiertos. Para asegurarnos de que un lado del cuerpo no esté más abierto que el otro y para lograr un equilibrio entre el lado izquierdo (Yin) y el derecho (Yang), este ejercicio permite que la Fuerza Celeste fluya por la mano de un lado del cuerpo y salga a la tierra por el otro. Esto da equilibrio y abre el canal al eliminar temporalmente el peso de la pierna y el brazo opuestos, con lo que la fuerza que ordinariamente se divide entre los dos miembros se concentra ahora en un solo lado.

1. Sosténgase sobre la pierna derecha. Levante y doble la izquierda para evitar cualquier flujo a través de ella. Levante el brazo izquierdo con la palma de la mano hacia arriba. Deje que su brazo derecho permanezca relajado junto al costado.

2. Mantenga el equilibrio tanto como le sea posible. Absorba la Fuerza Celeste con la palma de su mano. Sienta cómo fluye por su cuerpo y cómo sale por su pierna hacia la tierra. Mantenga esta postura tanto

tiempo como sea posible hasta acumular tres minutos.

3. Cambie de pierna y repita el ejercicio con el otro lado de su cuerpo. Trate de trabajar durante un periodo igual con cada lado para equilibrar adecuadamente su flujo.

Postura del perro sosteniéndose una pierna: Apertura de las articulaciones intervertebrales

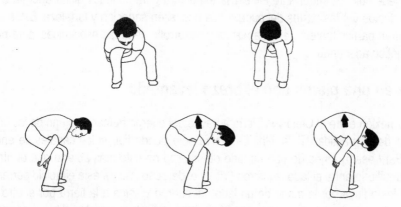

En esta obra no enseñamos con detalle todas las posturas de la Camisa de Hierro; sin embargo, los lectores que sepan cómo hacer la postura de la Tortuga podrán aplicar ese ejercicio a su práctica del Tai Chi.

1. Partiendo de la postura de la Tortuga, coloque su brazo derecho alrededor de la pierna derecha. Ponga el brazo izquierdo entre ambas piernas y sostenga con él su antebrazo derecho.

2. Tire lentamente hacia arriba y arquee la espalda. Sienta cómo fluye la corriente desde la columna hasta las piernas y de ahí a la tierra.

3. Repita el ejercicio con la otra pierna.

4. Para finalizar, doble un poco más las rodillas y abrace sus piernas con ambos brazos, sosteniendo el antebrazo derecho con la mano izquierda. Tire hacia arriba nuevamente, como si quisiera levantarse del suelo y arquee la espalda para crear un fuerte flujo de energía a través de todo su esqueleto.

Apertura de la ingle (kua)

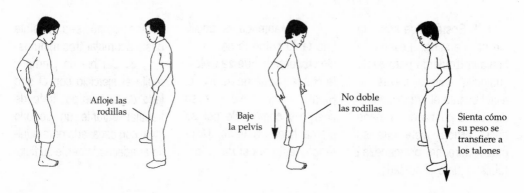

Afloje las rodillas

Baje la pelvis

No doble las rodillas

Sienta cómo su peso se transfiere a los talones

La apertura del kua está íntimamente relacionada con los músculos psoas. Cuando haga este ejercicio, ponga mucha atención a los músculos de la parte inferior de su espalda (los psoas).

1. Coloque los pies paralelos y ábralos aproximadamente la distancia que separa sus hombros. Coloque la mano en su pliegue inguinal.

2. Arquee ligeramente la espalda e incline hacia atrás su hueso sacro. Empújelo hacia adelante y baje la pelvis como si fuera a sentarte, pero sin doblar las rodillas. Sentirá con su mano cómo el pliegue inguinal se hace más profundo. Concéntrese en la articulación formada por el fémur y la cavidad glenoidea de la cadera. Cuando esta articulación se abra, sentirá como si se inflara al irse llenando de Chi.

3. Sienta cómo se transfiere la fuerza hacia abajo, hasta el talón. Al abrir y girar en espiral las articulaciones de las rodillas, sentirá de nuevo cómo se inflan y se abren al llenarse de Chi.

4. Transfiera la fuerza hacia los talones. Sienta cómo se abren y se llenan de Chi.

5. Sienta cómo rebota suavemente la fuerza en la tierra y sube por los talones hasta el sacro. Perciba cómo se expande el área entre el sacro y la zona lumbar mientras se llena de Chi. Sienta cómo asciende la fuerza por la columna hasta la Puerta de la Vida cuando el Chi entra en aquélla. Perciba cómo toda esta parte se estira y se endereza.

EJERCICIOS DE PODER

En el conjunto de ejercicios anteriores se hace énfasis en la percepción de la energía y en la apertura de los canales para permitir la circulación del Chi. Esto distingue al Tai Chi de la mayoría de otras formas de ejercicio. En la serie que presentamos a continuación, el poder no es de tipo muscular, sino la práctica de usar la estructura corporal en conjunción con la energía para producir una gran fuerza.

Ejercicio de la cigüeña

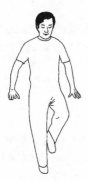

El propósito de este ejercicio es incrementar el poder de los tendones de Aquiles, fortalecer las piernas y aumentar el sentido del equilibrio.

1. Manténgase sobre su pierna derecha, levante y doble la izquierda (como hacen las cigüeñas).

2. Doble lentamente su pierna derecha, extienda totalmente los brazos y apunte las palmas de sus manos hacia abajo. Doble su cuerpo hasta que sus palmas se apoyen en el suelo. Si al comenzar no puede llegar hasta abajo, simplemente descienda hasta donde le sea posible. La parte superior de su cuerpo debe permanecer recta y sus músculos relajados. Doble la ingle/kua antes de flexionar las rodillas.

3. Levante el cuerpo nuevamente, usando la fuerza que utiliza su pierna derecha al enderezarse.

4. Repita este ejercicio entre 9 y 18 veces y haga lo mismo con la pierna izquierda.

Práctica de la bola medicinal

Existen algunas prácticas de Tai Chi más antiguas en las que se usan otros accesorios además del propio cuerpo. Una de ellas se llama "bola medicinal" y en ella se utiliza una esfera pesada para proporcionar resistencia extra al practicar el movimiento del Tan Tien. Esto ayuda a desarrollar una fuerza adicional en la parte inferior del cuerpo.

Ejercicio con un madero pesado

Otra de las prácticas antiguas con accesorios es el ejercicio con un madero pesado. Al practicar los movimientos del Tai Chi con un leño o una barra de hierro de gran peso sobre las espaldas, aumentamos la fuerza de las piernas y las muñecas.

Levantamiento de peso con la ingle

Finalmente, un aspecto importante de las meditaciones de niveles más elevados y de la forma del Tai Chi lo constituyen los ejercicios de levantamiento de peso con la ingle. Aunque los detalles de estos ejercicios están ampliamente descritos en el libro dedicado al Nei Kung de la

Médula Osea, vale la pena mencionarlos aquí. El uso de esta técnica incrementa en gran medida el poder de la ingle y su relación con los órganos internos. Además, su práctica nos ayuda a conectarnos mejor con los planetas en la forma Curativa.

Presión con la planta y el talón

1. Colóquese en la postura frontal del Tai Chi, con el pie atrasado (el izquierdo) en un ángulo de 45 grados y la pierna adelantada (la derecha) flexionada.
2. Doble su rodilla izquierda, traslade su peso hacia atrás y presione el pie atrasado de la planta hacia el talón, para hacer que la energía corporal y la terrestre reboten hacia adelante. Es importante que aunque sienta el salto de la energía como un caballo haciendo una cabriola, continúe practicando el ejercicio lentamente para permitir que se manifieste la fuerza cuando el peso del cuerpo pase de la pierna atrasada a la avanzada.
3. Practique esta forma de 18 a 36 veces para adquirir un poderoso movimiento de avance.
4. Repita el ejercicio con la otra pierna.
5. Seguidamente, partiendo de la posición de avance y usando la bola del pie frontal, presione hacia abajo para hacer que su cuerpo se mueva hacia atrás en forma controlada hasta asumir la postura de retroceso. Nuevamente, el movimiento se inicia con la bola y la planta del pie y el resto lo controla la lenta transferencia del peso de la pierna avanzada a la posterior.
6. Repita este movimiento de 18 a 36 veces. Posteriormente, repítalo con la otra pierna.
7. Para finalizar, combine los movimientos hacia atrás y hacia adelante en un solo y poderoso movimiento y practíquelo con los lados izquierdo y derecho de 18 a 36 veces.

Postura baja

Cuando haya dominado los ejercicios de poder presentados anteriormente, es importante que optimice este poder dentro de la práctica del Tai Chi. Esto se logra realizando la forma Chi Kung con el cuerpo cerca del suelo. Al doblar las rodillas y abrir la postura, esta forma de Tai Chi aumenta nuestra capacidad de usar este arte en aplicaciones y autodefensa. La fuerza aumentada de los tendones de los tobillos y de las rodillas incrementa el poder del practicante.

Al practicar las posturas bajas asegúrese de mantener recta la parte superior del cuerpo y cuide de que en la postura de avance su rodilla no sobrepase a los dedos de los pies.

Preparaciones energéticas para la práctica del Tai Chi Chi Kung

Para dominar el Tai Chi Chi Kung es necesario dominar también las prácticas energéticas fundamentales del taoísmo. Entre ellas se encuentran la Sonrisa Interior, la meditación de la Orbita Microcósmica, el Chi Kung Camisa de Hierro y los Seis Sonidos Curativos.

En el Apéndice 1 de este libro se presenta una versión simplificada de estas disciplinas. Los lectores que deseen una orientación más detallada deberán recibir instrucción personal impartida por un Instructor diplomado de Tao Curativo. Además, pueden consultar nuestros libros, videos y cassettes para mayor información.

Aunque a primera vista parece haber tantas prácticas que las horas del día van a ser insuficientes para realizarlas todas, una vez que adquiera cierta habilidad en cada una de ellas descubrirá que puede realizarlas rápidamente sin dejar de obtener excelentes resultados. Posteriormente podrá incorporarlas a su sesión de Tai Chi.

No siempre es necesario practicar todos los ejercicios energéticos de preparación antes de cada sesión de Tai Chi Chi Kung. Se puede distribuir su práctica a lo largo del día. Sin embargo, lo cierto es que si antecede su práctica de Tai Chi con una sesión de la Sonrisa Interior, de la meditación de la Orbita Microcósmica y del Abrazo del Arbol, su habilidad en esa disciplina alcanzará un nivel más elevado.

Algunos prefieren realizar las meditaciones de la Sonrisa Interior y de la Orbita microcósmica después de su sesión de Tai Chi Chi Kung, pues han descubierto que los movimientos de calentamiento, la meditación en pie y el Tai Chi hacen que sus cuerpos se vuelvan más abiertos y flexibles, lo cual les facilita la relajación y hace que sus meditaciones sean más profundas. El Tao recomienda a cada uno encontrar su propio ritmo y descubrir qué es lo que le sienta mejor.

Tras haber aprendido las prácticas fundamentales de calentamiento y preparación, está listo para abordar la forma Chi Kung del Tai Chi.

5

Tai Chi Chi Kung: la forma de los trece movimientos

Los principiantes y las personas de edad suelen realizar la forma de los Trece Movimientos del Tai Chi Chi Kung en una posición elevada. Al ir progresando, el estudiante podrá practicar con una posición de estructura media, más cercana al suelo a fin de incrementar su fuerza. Para propósitos de combate, generalmente se utiliza una posición extremadamente baja.

MOVIMIENTOS INTRODUCTORIOS

POSTURA WU CHI

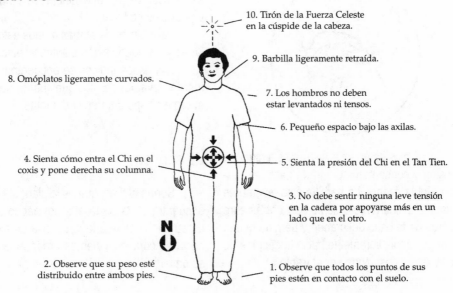

10. Tirón de la Fuerza Celeste en la cúspide de la cabeza.

9. Barbilla ligeramente retraída.

8. Omóplatos ligeramente curvados.

7. Los hombros no deben estar levantados ni tensos.

6. Pequeño espacio bajo las axilas.

4. Sienta cómo entra el Chi en el coxis y pone derecha su columna.

5. Sienta la presión del Chi en el Tan Tien.

3. No debe sentir ninguna leve tensión en la cadera por apoyarse más en un lado que en el otro.

2. Observe que su peso esté distribuido entre ambos pies.

1. Observe que todos los puntos de sus pies estén en contacto con el suelo.

El primer movimiento de la forma del Tai Chi es interno, no externo. Exteriormente, uno está en pie, tranquilo y mirando hacia el norte. Esta postura se relaciona con el Wu Chi, que es el estado primordial no manifestado.

Los pies están juntos sin que los tobillos se toquen entre sí y los nueve puntos de sus plantas hacen contacto con el suelo. Esta es la raíz, el punto de conexión con la Energía terrestre.

Las rodillas están rectas, pero no trabadas. La espalda permanece derecha y relajada. No debe sentir ninguna presión, tensión ni dolor en la zona lumbar.

Los hombros están relajados y la cabeza es tirada hacia arriba desde su cúspide. Este es el tirón de Energía Celeste que hace que los pies absorban la Energía Terrestre.

Sienta el tirón Celeste como si una bola de Chi tirara hacia arriba. Este tirón también endereza su espalda y permite que la energía circule con mayor libertad. Al mismo tiempo, sienta cómo el Chi penetra en el coxis y cómo endereza su columna.

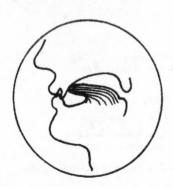

Los ojos están abiertos pero sin ninguna tensión y concentran su mirada hacia el frente, en el horizonte. La barbilla está levemente retraída. El ligero movimiento hacia atrás abre el área de la base del cráneo y permite que la energía circule libremente hacia la cúspide de la cabeza y descienda por el frente.

La punta de la lengua toca ligeramente al paladar en un punto que induce la salivación.

La mandíbula se encuentra relajada y los dientes se tocan ligeramente entre sí. Si la mandíbula está apretada, producirá tensión a los lados de la cabeza y en la garganta.

La garganta está relajada. Si traga saliva y exhala suavemente, relajará los músculos de su cuello.

El pecho está relajado y ligeramente hundido. Este hundimiento lo provoca la ligera curvatura de los omóplatos.

Si su pecho está tenso, puede relajarlo inhalando suavemente sin producir ningún sonido y exhalando silenciosamente con los labios entreabiertos.

La respiración es uniforme y profunda y expande el abdomen.

La atención se concentra en el ombligo o en el Tan Tien, que es el punto corporal más profundo y cercano a los riñones. La respiración penetra en esa zona y produce la sensación de una bola creciente de energía.

Los brazos se encuentran relajados y producen un hueco en las axilas, como si éstas sostuviesen una pelota de ping pong. Los brazos no tocan el cuerpo.

Las palmas de ambas manos están relajadas y los dedos están sueltos y rectos.

Los dedos índices se encuentran ligeramente levantados, lo que hace sentir la energía chispeando en sus puntas.

La sonrisa

Sonría al timo, que es la glándula que se encuentra en la parte alta del pecho, debajo de su cuello. Deje que la sonrisa se expanda hacia su corazón y demás órganos. Sonría a su ombligo.

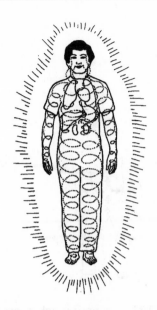

Escuche los latidos de su corazón. Siga el pulso de este órgano a través de su pecho, hombros, brazos, codos, antebrazos, muñecas, manos y dedos. Sienta el pulso en los dedos índices y meñiques.

Respiración

Tome consciencia en sus pies de la Energía Terrestre, del tirón que produce la Energía Celeste en la cúspide de su cabeza y de la Energía Cósmica que está frente a usted. Inhale suavemente sin emitir ningún sonido y absorba la energía cósmica hacia el entrecejo.

Deje que esta energía penetre profundamente en sus pulmones, se extienda a todos sus órganos y llene las plantas de sus pies.

Al terminar de inhalar, retenga el aire por un momento sin tensarse y comience a exhalar suavemente sin emitir ningún sonido. Si colocara un pedazo de papel frente a sus fosas nasales, el aire que exhale no deberá moverlo.

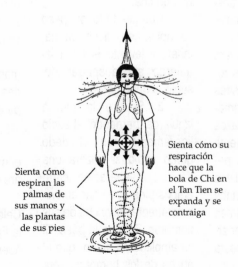

Sienta cómo respiran las palmas de sus manos y las plantas de sus pies

Sienta cómo su respiración hace que la bola de Chi en el Tan Tien se expanda y se contraiga

APERTURA DEL TAI CHI

Preparación: Separación de las piernas

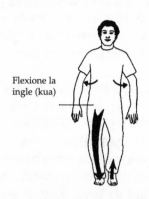

Flexione la ingle (kua)

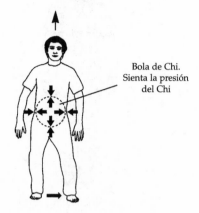

Bola de Chi. Sienta la presión del Chi

1. Mientras exhala, comience a bajar la cadera y traslade el peso de su cuerpo a la pierna derecha. El movimiento debe originarse en la cadera y el sacro. Debe doblar la ingle (kua) sin flexionar demasiado las rodillas. Asimismo, debe sentir cómo se transfiere su peso a la parte posterior de la rodilla, de donde pasa al talón. Si baja la cadera simplemente doblando las rodillas, generará mucho estrés en ellas y producirá inflamación y lesiones. Los brazos han de separarse ligeramente del cuerpo, hundiendo el pecho y curvando los omóplatos un poco más. Gire las manos de manera que las palmas apunten hacia atrás. La energía fluirá por sus brazos hasta las palmas y los dedos.

Al hundir el pecho, su esternón se retrae y masajea el timo.

La cúspide de su cabeza ha de permanecer alineada con la Fuerza Celeste. Esto evitará que su cuerpo se ladee para compensar el hecho de apoyarse en la pierna derecha.

Cuando todo su peso se apoye en dicha pierna, inhale y levante el talón izquierdo sin despegar del suelo el dedo gordo.

2. Separe la pierna izquierda "barriendo" el suelo ligeramente con el dedo gordo como si trazara una línea. La separación entre ambos pies debe ser aproximadamente del ancho de sus hombros. Esta es la base. Si su amplitud es menor que el ancho de los hombros, será más angosta que la parte

superior del cuerpo y la estructura estará desequilibrada. En este estilo la base mide lo mismo que el ancho de los hombros.

Exhale mientras coloca su pie izquierdo firmemente contra el suelo y se apoya en él de manera que el peso de su cuerpo se reparta equitativamente entre ambos pies.

Sus rodillas deben permanecer ligeramente curvadas sin sobresalir más que la punta de los pies.

La zona pélvica ha de estar abierta. La bola de energía se encuentra en el área del ombligo.

El tirón de la Fuerza Celeste estira su columna y la Fuerza Terrestre tira de su hueso sacro hacia abajo.

Levantamiento de los brazos

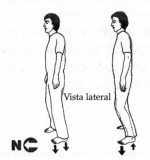 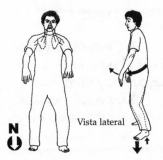 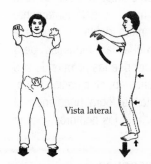

Vista lateral

Vista lateral

Vista lateral

1-6. Balancéese ligeramente hacia adelante, en forma casi imperceptible. Los nueve puntos de sus pies deben permanecer unidos al suelo. Balancéese hacia atrás y haga descender el coxis hasta que sienta que sus pies están unidos a la tierra con mayor firmeza. Deje que el impulso de la Fuerza Terrestre ascienda hasta sus omóplatos antes de levantar los brazos. Inhale al iniciar este movimiento.

Sus codos deben permanecer doblados. Las palmas de las manos y los dedos han de estar relajados. Existe un ligero predominio energético en los dedos índices. Las muñecas deben estar rectas y relajadas. Esto permite que la fuerza vital llegue más fácilmente hasta las palmas. Los codos apuntan hacia abajo y no hacia los lados. La distancia entre los brazos debe ser igual que el ancho de sus hombros. No permita que esa distancia aumente o disminuya.

Los brazos se elevan principalmente con el poder interno que se genera en los omóplatos. La altura a la que se levantan no debe ser mayor que la altura de los hombros.

Empuje con dos manos

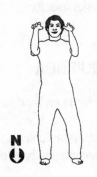   

Vista lateral

99

1-2. Cuando sus brazos lleguen a una altura ligeramente inferior a la de sus hombros, exhale lentamente mientras dobla los codos y flexiona las muñecas para hacer que las palmas de sus manos apunten hacia afuera. Esto se logra hundiendo el pecho y los hombros. Incline el sacro nuevamente y baje el coxis hasta sentir que los nueve puntos de sus pies presionan firmemente contra el suelo.

3. Sienta cómo asciende la Fuerza Terrestre por sus piernas y su columna.

4. Curve los omóplatos, incline el sacro ligeramente hacia adelante, hunda un poco el pecho y retraiga el mentón. Cuide que sus codos permanezcan ligeramente doblados y que sus hombros no se eleven. Sienta cómo la fuerza ascendente endereza su columna.

Descenso de los brazos

Bola de Chi

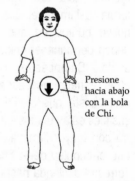

Presione hacia abajo con la bola de Chi.

1-2. Los brazos descienden cuando el poder del Chi interno relaja el poder de los omóplatos y de los tendones que sostienen a los brazos en alto. Las muñecas se relajan y las manos regresan a la posición horizontal. Los codos permanecen doblados y dirigen el movimiento descendente como si las muñecas estuviesen suspendidas de hilos. Debe sentir como si sus brazos flotaran o se movieran dentro del agua.

3. Haga que sus manos desciendan hasta la altura de la cadera para comenzar el siguiente movimiento.

MOVIMIENTOS BASICOS - LA FORMA DE LA MANO IZQUIERDA

La siguiente secuencia es la parte central de la forma del Tai Chi y se repite en las distintas direcciones, como mencionamos en páginas anteriores.

Estos movimientos comienzan con la forma de la mano izquierda y atraviesan una etapa de transición antes de pasar a la forma de la mano derecha. Al final se presentan una serie de movimientos conclusivos.

La primera mitad del Tai Chi Chi Kung se conoce como la Forma de la Mano Izquierda. Los movimientos se realizan progresivamente de derecha a izquierda.

Tomando la Cola del Pájaro: Norte
Primera Guardia Exterior: Sosteniendo la bola de Chi

1. Comience inhalando y relajándose mientras apoya la mayor parte de su peso en la pierna derecha. Permita que la fuerza vital alojada en el Tan Tien dirija el giro hacia la izquierda (oeste). Evite el error de girar primero la cabeza y los hombros. Mientras gira la cintura y la cadera hacia la izquierda, simplemente levante los dedos del pie izquierdo y deje que éste gire sobre el talón.

2. Al girar la cintura, la mano izquierda describe un círculo de derecha a izquierda hasta la altura del corazón. El codo apunta hacia abajo. La palma de la mano derecha apunta hacia arriba, como si realizara un movimiento de acarreo, y se balancea hasta llegar ligeramente abajo del ombligo. Las muñecas y los dedos de ambas manos han de permanecer rectos y relajados.

La distancia entre los brazos y el cuerpo la determina el hundimiento del pecho y la curvatura de los omóplatos. La mejor medida es la posición de los brazos en la postura del Abrazo del Arbol. Si la muñeca izquierda girara de manera que la palma apuntara hacia adentro, quedaría colocada a la misma distancia y altura que en la Camisa de Hierro.

El cuerpo gira hasta mirar hacia el oeste. Los dedos del pie izquierdo se apoyan y apuntan hacia esa dirección.

Mientras exhala, comience a apoyar aproximadamente el 60 por ciento del peso de su cuerpo sobre el pie izquierdo.

La línea central de gravedad que va de la cúspide de la cabeza al perineo se alinea con el pie izquierdo. Esto le permite equilibrar su estructura para el siguiente movimiento. Si la línea central de gravedad no está alineada en la forma descrita, dicho movimiento estará desequilibrado y descentrado.

Segunda Guardia Exterior: Sosteniendo la bola de Chi

Vista lateral

1. Mientras inhala, mueva mentalmente la energía del Tan Tien hacia la derecha. Seguidamente, mueva la cadera en ese mismo sentido. Desplace la parte superior de su estructura hasta que su cadera apunte hacia el noroeste. Al mismo tiempo, concentre todo su equilibrio en el pie izquierdo y levante el talón derecho. Mantenga los dedos del pie derecho en contacto con el suelo hasta quedar totalmente equilibrado sobre su pierna izquierda y sienta como si la derecha pudiese elevarse del suelo sin esfuerzo y sin romper el equilibrio.

2. Haga que su pie derecho, libre de peso, avance hacia el norte; al mismo tiempo, baje ligeramente su cuerpo apoyándose en la pierna izquierda. La longitud de este paso estará determinada por el largo de su pierna y por la distancia a la que

pueda estirarla sin perder la línea central de gravedad.

Sitúe su pie derecho de manera que la separación entre éste y el izquierdo sea igual al ancho de sus hombros (de izquierda a derecha).

3. Después de tocar el suelo con el talón derecho, comience a exhalar mientras el resto del pie se apoya haciendo que sus dedos apunten directamente hacia el frente (norte). Transfiera aproximadamente el 50 por ciento de su peso al pie derecho. Al mismo tiempo, levante el brazo derecho casi hasta la altura del corazón, con la palma apuntando hacia el pecho. La altura, posición y ángulo son exactamente los mismos que en la postura del Abrazo del Arbol.

4. Baje ligeramente el codo izquierdo, de manera que la palma izquierda quede frente a la derecha y sus dedos apunten hacia arriba.

La mano derecha sostiene por delante a la bola de energía (que habrá adquirido el tamaño de un melón mediano) y la mano izquierda lo hace por detrás.

Mantenga el pecho hundido.

El centro de gravedad se distribuye equitativamente entre los dos pies.

Es ese momento estará mirando hacia el noroeste. El pie izquierdo apuntará hacia el oeste y el derecho hacia el norte.

Mantenga el coxis caído y comience a inhalar mientras traslada el peso soportado por su pierna derecha a la parte interna del talón. Gire hacia adentro dicha pierna. El pie izquierdo gira 45 grados hacia el noroeste, presionando contra el suelo y apoyándose en el talón.

5. Dirija la fuerza del Tan Tien para girar hacia la derecha. Cuando la cadera comience a volverse hacia el norte, la rodilla derecha gira hacia afuera (derecha). Esto origina un movimiento en espiral, como de tirabuzón, que mantiene la pierna arraigada en el suelo. Cuando el pie izquierdo comienza a girar hacia afuera, se crea un movimiento en espiral que hace ascender la energía por la pierna.

6. Al girar la pierna hacia el frente, incline el sacro hacia adentro hasta que sienta una sólida conexión con el suelo. La pierna izquierda, además de presionar hacia abajo y girar en espiral, comienza a empujar hacia adelante. Este impulso permite que la energía que se mueve en espiral se transfiera a la cadera y la columna.

Mientras su pierna empuja en esa forma, exhale y apóyese hacia adelante hasta que el 70 por ciento de su cuerpo esté soportado por el pie derecho.

Sus brazos deben permanecer en posición hasta que el pie izquierdo deje de girar en espiral y de empujar hacia adelante. La cadera apunta hacia el norte. Los movimientos del sacro y del T-11 hacen ascender la energía en espiral. La fuerza está ahora en el C-7.

Cuando la energía llegue al punto C-7, hunda el pecho y curve los omóplatos. Mantenga los codos ligeramente doblados. La fuerza en espiral pasa de los omóplatos hacia el C-7 y de ahí a las manos a través de los brazos.

Simultáneamente al hundimiento del pecho, retraiga el mentón con un movimiento de retroceso.

Este movimiento se suma a la energía de la bomba craneal y evita que la energía que se descarga a través de las manos sacuda al cuello. También mantiene la línea central de gravedad alineada con el perineo y la pierna derecha.

Cuide que su rodilla derecha no sobrepase los dedos del pie y que su tronco no se incline hacia adelante, rompiendo la línea central de gravedad. Relájese completamente.

Retroceso

Vista lateral

Presione hacia abajo con la bola de Chi

Mueva la bola de Chi hacia la izquierda

1-3. Para comenzar, inhale y sienta la Fuerza Terrestre que tira hacia abajo de su hueso sacro. Haga descender su cuerpo ligeramente, apoyándose en su pierna derecha. La Fuerza Celeste produce un tirón equivalente hacia arriba. Comience a presionar hacia el suelo con la pierna derecha. Doble la rodilla izquierda para hacer que su estructura descienda.

Mantenga sus pies exactamente en el mismo lugar. Enderece la muñeca derecha y extienda los dedos para apuntar hacia adelante, de manera que la palma de su mano no apunte hacia su cuerpo, sino hacia el lado izquierdo. Haga girar la mano con el brazo izquierdo de manera que la palma apunte hacia arriba. Al descender, ponga su mano izquierda debajo de la derecha y pásela por la parte inferior del brazo derecho (sin tocarlo) hasta que quede bajo el codo derecho.

Mantenga el pecho hundido y los brazos curvados. No permita que el brazo derecho se colapse, acercándose al cuerpo.

4-6. Exhale y haga mentalmente que el Tan Tien gire hacia la izquierda. Gire ligeramente su cadera hacia la derecha mientras su Tan Tien y su cintura giran hacia la izquierda provocando una ligera torsión. La estructura superior de su columna y sus brazos deben permanecer exactamente en la misma postura. Al girar, extienda el movimiento en espiral hacia el brazo derecho, de manera que su mano gire hasta que su palma apunte hacia su rostro.

El error que se comete más comúnmente en esta postura consiste en girar primero la cabeza y los ojos para seguir con los hombros y concluir con la cadera. En esta secuencia, al girar la cabeza y los hombros la columna se tuerce.

"Es necesario distinguir claramente entre el vacío y la plenitud".

Clásicos del Tai Chi

Presión con las dos manos

Vista lateral

1. Cuando haya girado la cadera hacia la izquierda hasta el 60 por ciento de su capacidad, comience el movimiento de la mano izquierda sin torcer la columna.

Inhale mientras su brazo izquierdo describe un movimiento circular como de cuchara con la palma de la mano hacia arriba. Ésta nunca debe ir más allá del nivel de la oreja.

2-3. Mientras su mano izquierda realiza el movimiento circular hacia arriba, el Chi del Tan Tien comienza a dirigir a la cadera para que gire nuevamente hacia el norte. Esos dos movimientos se sincronizan de tal forma que el talón de la mano izquierda completa el círculo y presiona en el talón de la mano derecha al mismo tiempo que la cadera completa su giro hacia el norte. La mano izquierda sirve como apoyo a la muñeca derecha para reducir el riesgo de lesiones al empujar con fuerza a un oponente.

4-6. En los movimientos anteriores, la mayor parte del peso descansa sobre el pie izquierdo. Cuando sus manos se junten y su cadera apunte hacia el norte, comience a girar en espiral la energía y a moverla hacia adelante para descargarla a través de las manos.

Un error común consiste en transferir el peso del cuerpo al pie derecho antes de alinear la cadera para que apunte directamente al frente. Así la energía en espiral se disipa antes de llegar a las manos y el movimiento resulta completamente inútil.

El giro en espiral de la energía comienza cuando exhala y presiona el pie derecho contra el suelo. Gire la rodilla izquierda hacia fuera (izquierda). Cuando su pierna izquierda comience a presionar hacia el frente, gire la rodilla derecha hacia fuera, a la derecha. Cuando la energía en espiral ascienda hasta su sacro, alinee y active la bomba sacra empujando di-

cho hueso ligeramente hacia adentro. Mientras su pierna izquierda continúa empujando y la energía en espiral llega hasta el T-11, incremente la fuerza de la bomba de esa zona curvándola y empujándola un poco. Posteriormente, la fuerza llegará al C-7. La fuerza de esa zona se activa hundiendo el pecho y curvando los omóplatos.

Cuando la fuerza transite por sus brazos y comience a llegar hasta sus manos, gire la mano derecha en el sentido de las manecillas del reloj, al tiempo que gira la izquierda en sentido contrario, como si abriera un frasco. El último movimiento consiste en retraer el mentón para activar la bomba craneal.

Cerca del 70 por ciento del peso se apoya ahora en su pie derecho. Cuide de que la rodilla derecha no se extienda más allá que la punta de los dedos del pie.

"El movimiento se arraiga en los pies, se desarrolla en las piernas, lo dirige la cintura y se expresa en las manos y los dedos. Debe haber un flujo ininterrumpido de Chi entre los pies, las piernas y la cintura."

Clásicos del Tai Chi

Empuje con las dos manos

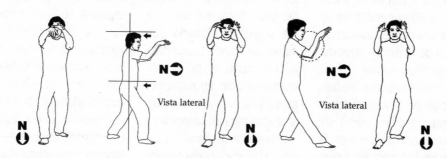

Vista lateral

Vista lateral

1-5. Inhale, relájese y haga descender su cuerpo apoyándose en el pie izquierdo. El sacro es empujado de nuevo hacia abajo mientras la Energía Celeste estirará su columna hacia arriba. Comience a empujar hacia la tierra con su pierna derecha, que se encuentra al frente; esto hará que su estructura se desplace hacia atrás.

Cuide de no rebotar hacia arriba. El cuerpo debe conservar su nivel horizontal con respecto a la tierra.

Gire las palmas de ambas manos hacia abajo sin separarlas. Comience a apar-

tarlas colocando la izquierda ligeramente sobre el dorso de la derecha. Continúe separándolas hasta que la distancia entre ambas sea equivalente al ancho de sus hombros. Doble los codos manteniendo las manos alineadas con los antebrazos y haga que las palmas apunten hacia el frente. La forma y posición de la mano con respecto al antebrazo en este movimiento y en toda la forma se conoce como la Mano de la Bella Dama y es una mezcla perfecta de Yin y Yang. Los dedos deben estar rectos, aunque no demasiado, rela-

jados, sin chocar entre sí, y no excesivamente separados. Las muñecas no deben doblarse hacia atrás ni hacia adelante, asumiendo una postura que pueda describirse como regia o elegante.

Aunque se crea la ilusión óptica de que los codos se contraen y se acercan al pecho, no es así. El pecho permanece hundido y los omóplatos curvados.

La altura correcta de la mano se encuentra cerca del nivel de las orejas. Esta postura se conoce también como "Protección de la Cabeza".

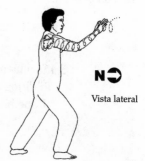

Vista lateral

6-9. Después del descenso, el siguiente movimiento consiste en empujar hacia adelante. Una vez más, comience a exhalar mientras su pierna izquierda presiona contra la tierra. Active la bomba sacra, la T-11 y la C-7 como hemos explicado anteriormente mientras la energía asciende en espiral. Sienta como si su cuerpo fuese a saltar hacia arriba, pero cuide de no rebotar.

Cuando la energía llegue al C-7 y se expanda hacia los brazos, deje de empujar desde los codos. Permita que la energía de los omóplatos aporte la fuerza principal. Para finalizar el movimiento, retraiga el mentón, activando la energía de la bomba craneal.

Cuando la energía llega a las palmas de sus manos y se extiende a los dedos, la fuerza de los tendones estira los dedos pero la parte central de las palmas permanece relajada. Cuide de que dicha parte no sobresalga, pues haría que sus dedos se curvasen hacia atrás.

Sus muñecas deben permanecer perfectamente rectas y alineadas con los antebrazos. Un error común consiste en doblarlas hacia atrás. En un combate, esa posición resulta vulnerable y podría provocarle lesiones, permitiendo que su oponente le doble las manos completamente hacia atrás. Gire el brazo y la mano izquierda en el sentido de las manecillas del reloj mientras su brazo derecho gira en espiral en sentido contrario.

EL AZOTE SENCILLO: SUR

Primer giro: cambio y vuelta

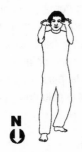  

Vista lateral

1-3. Inhale y apóyese en la pierna izquierda. Estire los codos (pero no totalmente; mantenga siempre los codos y las rodillas ligeramente doblados para permitir que el Chi fluya a través de las articulaciones) de manera que las palmas apunten hacia el suelo. Sus brazos deben quedar paralelos a éste.

4. Comience a exhalar y dirija mentalmente el Chi del Tan Tien haciéndolo girar hacia la izquierda. La cadera sigue al giro del Chi. La columna, los hombros y la cabeza giran con el movimiento de la cadera. Estas partes no deben virar independientemente.

5-6. Cuando gire la cadera, permita que ésta empuje y haga girar a la pierna y el pie derechos, que se encuentran al frente. Sólo levante los dedos del pie y

107

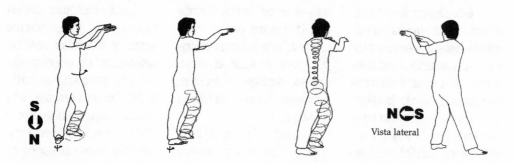

Vista lateral

haga que éste gire sobre su eje apoyándose en el talón. Continúe girando hasta que la cadera no pueda hacerlo más (esa parte girará unos 90 grados hasta mirar al oeste). El pie derecho gira sobre su eje, los dedos del mismo apuntan hacia el oeste y la planta se apoya nuevamente en el suelo. Es importante que mantenga estable su pierna izquierda cuando gire la cadera. Al realizar el giro, deje que la articulación izquierda de la cadera gire y se cierre hasta donde sea posible.

7-8. Relaje la parte inferior de la espalda y gire la cintura independientemente de la cadera, torciendo las vértebras lumbares hasta que sus brazos apunten hacia el sudoeste. Gire la cadera ligeramente hacia la derecha para mantenerla fija mientras gira la cintura y la parte superior de su cuerpo hacia la izquierda. Continúe el giro con la parte superior de la columna y los hombros hasta que sus brazos apunten hacia el sur. Un error común consiste en continuar girando la cabeza, ojos y hombros después de que la cadera ha dejado de moverse, lo cual provoca una torsión en la columna.

El giro de la cintura produce una fuerza de recuperación elástica en la pierna izquierda, como si enrolláramos una banda de goma en un palo. Si atásemos dicha banda al extremo del palo y la enrolláramos sobre él, al soltarlo rotaría por sí solo, liberándose la energía de la banda de goma enrollada. La pierna izquierda representa la banda de goma y los brazos son el extremo del palo. El movimiento hace que la fuerza ascienda por la pierna y siga por la parte superior de ésta, por la columna y por los brazos.

Segundo giro: Formación del pico

Vista lateral

1-2. Cuando haya girado totalmente hacia la izquierda, inhale, mientras presiona su pierna izquierda contra el suelo y comienza a trasladar su peso a la derecha. Al hacerlo, doble los codos ligeramente.

3. Cuando haya trasladado todo su peso a la pierna izquierda, exhale y haga girar su cadera hacia la derecha.

De esta forma, la energía de recuperación elástica de su pierna izquierda se transferirá a la derecha. En ese momento todo su peso estará apoyado en su pierna derecha.

Vista lateral

4. Mientras gira la cadera hacia la derecha, doble el codo derecho y forme un pico con la mano derecha. Junte los dedos pulgar y meñique y haga que los demás presionen alrededor de ellos. El pico es una arma ofensiva que se usa para dar un fuerte golpe en forma de picadura o para agarrar. Si los demás dedos no protegen al meñique, éste puede romperse con facilidad.

5-7. Al tiempo que contrae el brazo derecho para formar el pico, lleve su mano izquierda bajo el codo derecho con un movimiento como de cuchara. Un error común consiste en apretar el brazo derecho contra el cuerpo y hacer que el izquierdo casi toque el abdomen. Esto hace que se pierda el hundimiento del pecho y la curvatura de los brazos. La transferencia de la fuerza de recuperación elástica generada en la pierna queda entonces interrumpida en los omóplatos.

Mantenga la muñeca de la mano derecha (el pico) a una altura entre el hombro y el lóbulo de su oreja.

"Todas las articulaciones del cuerpo deben estar conectadas sin permitir la más mínima fisura."

Clásicos del Tai Chi

Tercer giro: Liberación del pico

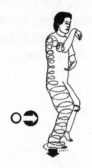  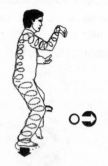

1-2. Inhale y comience a liberar la energía de recuperación elástica de la pierna derecha dirigiendo al Tan Tien para que gire hacia la izquierda. Mientras la energía se libera y su cadera realiza ese movimiento, haga que su pie derecho gire sobre su eje apoyándose en el dedo gordo. Su pierna derecha soportará todo el peso de su cuerpo.

3. Cuando la fuerza comienza a circular, sube por la columna y se libera a través del brazo derecho y el pico.

Extienda éste último hacia el oeste, manteniendo el codo ligeramente curvado al final del movimiento. Si estira totalmente o traba esa articulación, le resultaría muy difícil retraer el brazo si su oponente lo agarrara, pudiendo resultar fácilmente dislocado.

Llegando al Cielo

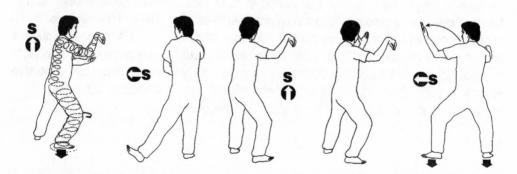

1-2. Una vez que haya liberado la energía de recuperación elástica a través de su brazo derecho y que su peso se apoye en el pie derecho, su pierna izquierda estará libre para dar un paso lateral amplio.

La línea central de gravedad que va de la cúspide de la cabeza al perineo debe estar directamente sobre el pie derecho, de manera que mantenga el equilibrio con la pierna derecha y que el paso con la izquierda sea fluido. Si no es así, tendrá que dar este paso rápidamente para no caer.

El pie izquierdo debe formar un ángulo de 45 grados con respecto al derecho. Si practica en una habitación, puede dirigir la pierna hacia la esquina mientras su pie apunta hacia el muro.

Debe apoyar primero el talón del pie izquierdo. Si pudiese verlos desde arriba, sus pies formarían un ángulo de 90 grados. El derecho apuntando aún hacia el oeste y el izquierdo hacia el sur.

3. Exhale mientras distribuye nuevamente su peso entre ambos pies.

Simultáneamente, haga descender los dedos de su pie izquierdo de manera que apunten directamente hacia el sur y que los otros ocho puntos del mismo establezcan un firme contacto con el suelo.

4-5. Al mismo tiempo, describa un arco con el brazo izquierdo, haciendo que la palma de su mano mire hacia su cuerpo. Eleve su mano izquierda a la altura de su rostro, a una distancia equi-

valente a la longitud de su antebrazo. Asegúrese de que sus hombros estén relajados y de que sus codos apunten hacia el suelo. Abra la palma de su mano hacia arriba (dirigiéndola hacia el Cielo) mientras mantiene el pico con la derecha.

Cuando su peso esté distribuido equitativamente entre ambos pies, ponga el brazo derecho sobre la pierna derecha y el brazo izquierdo sobre la izquierda. Su ingle estará abierta y su rostro mirará hacia el sudoeste.

Empuje con una mano

Vista latera

1-2. Inhale y haga girar el pie derecho sobre el talón, de manera que forme un ángulo de 45 grados con respecto al sudoeste. Dirija mentalmente el Chi del Tan Tien para hacerlo girar hacia la izquierda. Posteriormente, gire la cadera.

3-4. Exhale y presione el pie derecho contra el suelo. Comience a girar en espiral la energía y hágala ascender por su pierna derecha.

5-6. Empiece a presionar su pierna derecha contra el suelo, haciendo que la cadera apunte hacia el sur y

que la energía se eleve en espiral por la cadera y la columna. Las bombas sacra, T-11 y C-7 se activan con el ascenso de la energía. Hunda el pecho y curve los omóplatos para transferir la fuerza al brazo izquierdo. Finalmente, añada la fuerza de la bomba craneal al hundir el mentón con un movimiento de retroceso.

Mantenga el codo izquierdo ligeramente dobla-do, de manera que su muñe-ca no esté curvada.

Asegúrese de que el 70 por ciento de su peso se apoye en la pierna avanzada.

Abra la ingle con dicha pier-na y permita que la conexión con el suelo se fortalezca y pase a la parte interior de dicha pierna avanzada.

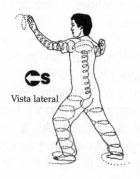

Vista lateral

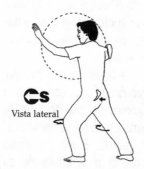

Vista lateral

Con esto concluimos los movimientos básicos del Tai Chi Chi Kung I. Las secuencias de Tomar la Cola del Pájaro y el Azote Sencillo se repiten cinco veces más. En cada una de las repeticiones, la dirección varía 90 grados hacia la derecha.

Tomando la cola del pájaro: Oeste

Al concluir las secciones anteriores, las secuencias de Tomar la cola del pájaro y el Azote sencillo se repiten dos veces más, finalizando con éste último hacia el norte.

Movimiento de transición: descenso y protección del pecho

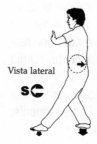

Vista lateral

1-3. Inhale y haga descender su cuerpo, apoyándose en la pierna derecha. Al mismo tiempo, gire la muñeca izquierda de manera que la palma mire hacia su cuerpo.

La medida adecuada para esta postura es la colocación de los brazos en la posición del Abrazo del Arbol. Simultáneamente, baje el brazo derecho hacia su cos-

tado, cerca del muslo y relaje los dedos.

Mantenga el pecho hundido y los omóplatos curvados.

Primera Guardia Exterior: Sosteniendo la bola de Chi

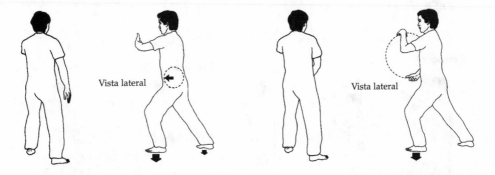

Vista lateral   Vista lateral

1-4. Exhale y empuje hacia adelante con el pie derecho hasta que aproximadamente el 60 por ciento de su peso se apoye en la pierna izquierda. Comience a girar la mano izquierda de manera que su palma mire hacia abajo. Desplace su mano derecha en un movimiento de cuchara. Simultáneamente, dirija su Tan Tien hacia la izquierda y gire la cadera. Cuide de que ésta haga girar a la columna, los hombros y la cabeza.

> **"Tu postura debe ser erecta pero relajada, capaz de enfrentar un ataque desde las ocho direcciones".**
>
> *Clásicos del Tai Chi*

113

Segunda Guardia Exterior: Sosteniendo la bola de Chi

A partir de aquí, el conjunto se repite exactamente igual que antes, pero en una nueva dirección. El resto de la secuencia Tomando la cola del Pájaro se realiza ahora mirando hacia el oeste, seguida del Azote Sencillo hacia el este.

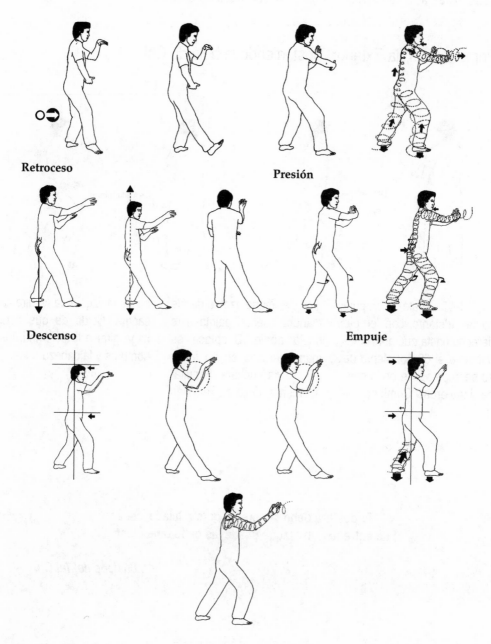

Retroceso

Presión

Descenso

Empuje

Azote Sencillo: este

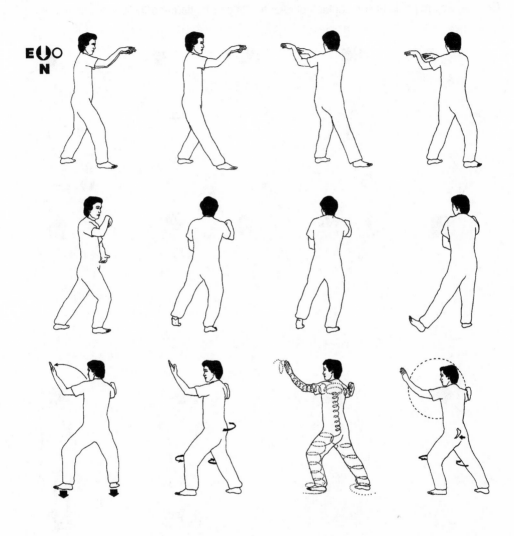

"Compórtate como un halcón al acecho de un conejo;
tu espíritu es como un gato cazando a un ratón".

Clásicos del Tai Chi

TOMANDO LA COLA DEL PÁJARO: SUR

Repita nuevamente los movimientos básicos. Esta vez, realice la secuencia Tomando la Cola del Pájaro hacia el sur, seguida del Azote Sencillo hacia el norte.

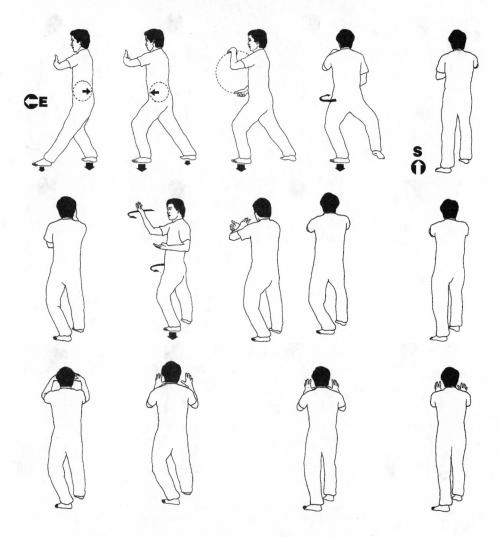

"Distingue lo plano de lo curvo.
Almacena primero la energía y luego distribúyela...
Retirarse es atacar y atacar es retirarse".

Clásicos del Tai Chi

Azote Sencillo: norte

Con esto concluye la Forma de la Mano Izquierda.

MOVIMIENTOS BÁSICOS: FORMA DE LA MANO DERECHA

Hasta el momento, hemos realizado todos nuestros movimientos girando hacia la izquierda. Después del movimiento de transición, efectuaremos los mismos movimientos hacia la derecha.

Transición hacia la Forma de la Mano derecha: Sosteniendo al Bebé

1-2. Baje ambos brazos mientras su Tan Tien hace girar su cadera hacia la derecha (noreste). Gire las palmas hacia arriba.

Tomando la Cola del Pájaro: norte
Primera Guardia Exterior

En este movimiento de transición hacia la Forma de la Mano derecha, no existe una Primera Guardia Exterior. En todas las repeticiones posteriores de la secuencia Tomando la Cola del Pájaro, realice la Primera Guardia Exterior de la misma manera que en la Forma de la Mano Izquierda, pero efectúe los movimientos de la mano y el pie derechos con el brazo y el pie izquierdo y viceversa.

Segunda Guardia Exterior: Sosteniendo la Bola de Chi

1-3. Describa un círculo con su brazo derecho, sin ir más allá de su oreja derecha. Levante el brazo izquierdo hasta la posición de la Guardia Exterior. Al mismo tiempo, traslade su peso hacia la pierna izquierda, que se encuentra al frente. Gire su cadera hasta que apunte hacia adelante mientras concluye el movimiento del brazo. Sus manos sostienen una bola de energía en el frente. Esta postura es la Segunda Guardia Exterior. Esta serie de movimientos continúa exactamente en la misma forma descrita en la Forma de la mano Izquierda, pero con las manos opuestas.

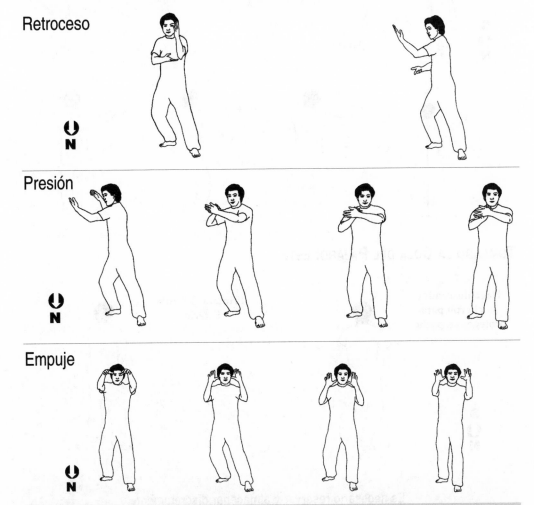

Retroceso

Presión

Empuje

"Almacenar energía es como tensar un arco; liberarla es como disparar la flecha".

Clásicos del Tai Chi

119

EL AZOTE SENCILLO: SUR

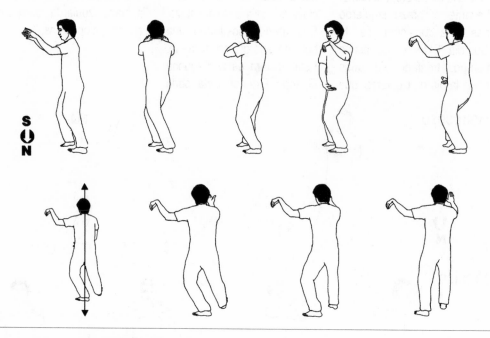

TOMANDO LA COLA DEL PÁJARO: ESTE

**Haga descender
su cuerpo para
proteger su pecho**

**Primera Guardia
Exterior**

"Es necesario reservar y almacenar discretamente
la energía de un modo aproximado,
para que siempre exista un excedente".

Clásicos del Tai Chi

Segunda Guardia Exterior

Retroceso

Presión

Descenso   **Empuje**

AZOTE SENCILLO: OESTE

> "La energía parece relajada, pero en realidad
> es poderosa y está firmemente enraizada".
>
> *Clásicos del Tai Chi*

Tomando la Cola del Pájaro: sur

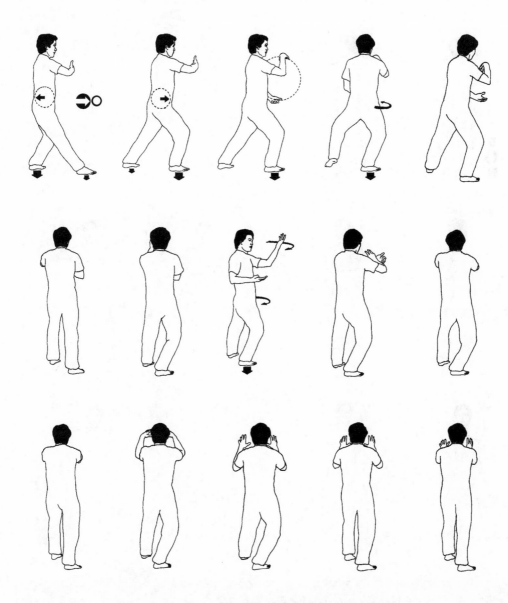

> **"La mente dirige y el cuerpo la sigue".**
>
> *Clásicos del Tai Chi*

EL AZOTE SENCILLO: NORTE

"Recuerda siempre que cuando una parte se mueve,
todas las partes se mueven y cuando una parte
está inmóvil, todas las demás también lo están".

Clásicos del Tai Chi

MOVIMIENTOS CONCLUSIVOS

La forma del Tai Chi termina con los movimientos conclusivos. Después de haber generado y absorbido toda la energía circundante, es importante recogerla en el Tan Tien para almacenarla.

MANOS CRUZADAS

1. Inhale mientras traslada su peso a la pierna izquierda. Al mismo tiempo, levante las manos por encima de su cabeza y por el frente de su cuerpo, de manera que las palmas apunten hacia afuera y hacia arriba y que sus dedos queden frente a frente.

2. Lleve los brazos hacia los lados en un movimiento circular. Cuando se encuentren a la altura de los hombros, exhale y levante los dedos del pie derecho, dé un paso hacia atrás con la pierna izquierda y apoye los dedos en el suelo. Ponga el pie apuntando hacia el norte y sepárelo del izquierdo a una distancia equivalente al ancho de sus hombros.

3. Continúe bajando las manos hacia los lados con un amplio movimiento circular como de cuchara. Al mismo tiempo, traslade todo el peso de su cuerpo a la pierna derecha.

4. Inhale y continúe el movimiento de cuchara con los brazos hasta que sus muñecas se crucen frente al ombligo con las palmas apuntando hacia arriba, recogiendo con los brazos toda la energía circundante y almacenándola en el ombligo. Simultáneamente, dé un paso hacia adentro con la pierna izquierda y ponga el pie izquierdo cerca del derecho. Mantenga las rodillas ligeramente dobladas.

5. Traslade el peso de su cuerpo hacia un punto medio, de manera que quede distribuido equitativamente entre ambas piernas. Continúe levantando las manos cruzadas por el frente de su cuerpo hasta alcanzar el nivel de su garganta.

125

Conclusión del Tai Chi (Postura Hun Yuan)

1. Separe las dos manos a una distancia equivalente al ancho de sus hombros. Ponga las palmas hacia arriba.

2. Comience a exhalar mientras gira las palmas hacia abajo y hace descender lentamente los brazos.

3. Cuando sus manos se acerquen al nivel de la cintura, enderece lentamente las piernas hasta recuperar su estatura normal. Finalmente, regrese los brazos a sus costados y póngalos como en la postura Wu Chi, que es la que da inicio a la forma.

Permanezca en esa postura durante un minuto, respirando con naturalidad. Sienta la energía que ha generado practicando el Tai Chi Chi Kung. Deje abiertos todos los canales y permita que la energía fluya libremente por todo su cuerpo. Perciba la existencia de un río continuo de Chi en su cuerpo, sin obstrucciones ni bloqueos. Tómese su tiempo para disfrutar esa sensación con plena consciencia.

Recogida de la energía

Al igual que todas las prácticas del Tao, la nuestra concluye recogiendo la energía, poniendo ambas manos sobre el ombligo y girándola en espiral mentalmente 36 veces de izquierda a

derecha y 24 veces de derecha a izquierda (las mujeres deberán hacerla girar en espiral 36 veces de derecha a izquierda y 24 veces de izquierda a derecha). Si lo desea, puede abreviar la operación girando sólo 9 veces hacia afuera y otras tantas hacia adentro.

"Relaja el abdomen y el Chi penetrará en tus huesos".

Clásicos del Tai Chi

Resumen: Elementos de la forma Chi Kung del Tai Chi

A continuación presentamos un compendio de los movimientos del Tai Chi Chi Kung. Si memoriza los nombres de los diferentes movimientos, podrá recordar la secuencia más fácilmente.

MOVIMIENTOS INTRODUCTORIOS

POSTURA WU CHI
* Sonrisa
* Respiración energética

Apertura del TAI CHI
* Preparación: Separación de las piernas
* Levantamiento de los brazos
* Empuje con dos manos
* Descenso de los brazos

MOVIMIENTOS BASICOS: FORMA DE LA MANO IZQUIERDA

TOMANDO LA COLA DEL PÁJARO: NORTE
* Primera Guardia Exterior: Sosteniendo la bola de Chi
* Segunda Guardia Exterior: Sosteniendo la bola de Chi
* Retroceso
* Presión con dos manos
* Empuje con dos manos

AZOTE SENCILLO: SUR
* Primer giro: cambio y vuelta
* Segundo giro: formación del pico
* Tercer giro: liberación del pico
* Llegando al Cielo
* Empuje con una mano

TOMANDO LA COLA DEL PÁJARO: OESTE
* Movimiento de transición: descenso y protección del pecho
* Primera Guardia Exterior: Sosteniendo la bola de Chi

* Segunda Guardia Exterior: Sosteniendo la bola de Chi
* Retroceso
* Presión a dos manos
* Empuje a dos manos

AZOTE SENCILLO: ESTE

TOMANDO LA COLA DEL PÁJARO: SUR

AZOTE SENCILLO: NORTE

MOVIMIENTOS BASICOS: FORMA DE LA MANO DERECHA

TRANSICIÓN A LA FORMA DE LA MANO DERECHA: SOSTENIENDO AL BEBÉ

TOMANDO LA COLA DEL PÁJARO: NORTE
* Segunda Guardia Exterior: Sosteniendo la bola de Chi
* Retroceso
* Presión con dos manos
* Empuje con dos manos

AZOTE SENCILLO: SUR

TOMANDO LA COLA DEL PÁJARO: ESTE

AZOTE SENCILLO: OESTE

TOMANDO LA COLA DEL PÁJARO: SUR

AZOTE SENCILLO: NORTE

MOVIMIENTOS CONCLUSIVOS

MANOS CRUZADAS

CONCLUSIÓN DEL TAI CHI (POSTURA HUN YAN)

RECOGIDA DE LA ENERGÍA

6

Secuencia para practicar en casa

La secuencia para practicar en casa se divide en tres niveles: inicial, intermedio y avanzado. Una sólida formación en las primeras etapas asegurará una mejor comprensión de los niveles posteriores.

ETAPA INICIAL

Meditación y Chi Kung para el Tai Chi

El Tai Chi Chi Kung es una extensión de las diferentes disciplinas de meditación (Sonrisa Interior, Orbita Microcósmica, práctica de la Fusión, etcétera). Es importante complementar la ejecución del Tai Chi con la práctica regular de la meditación. El Tai Chi también es una prolongación del Chi Kung Camisa de Hierro, por lo que es vital practicar las diferentes posturas de esa disciplina, especialmente la del Abrazo del Arbol y la de la Tortuga Dorada Sumergida en el Agua.

La Postura Wu Chi

Dedique algún tiempo a la práctica de la primera postura del Tai Chi, conocida como Wu Chi. Sólo necesita ponerse en pie y dejar que su cuerpo se relaje todo lo posible.

Cuando adopte esta postura, asegúrese de que no se apoya más en un lado que en el otro. El tirón Celestial es la mejor guía para ello. Cuando nos apoyamos más hacia un lado, el tirón decrece o se interrumpe. Experimente con esto. Su experiencia le permitirá establecer la mejor conexión estructural.

Permanezca inmóvil durante varios minutos y permita que su cuerpo se relaje tanto como le sea posible en esa postura. Si siente dolor en alguna zona, ello indicará que su alineación en la postura Wu Chi es deficiente.

Los pies

Adquiera consciencia del contacto de los nueve puntos de sus pies con el suelo y revise que su peso se distribuya equitativamente entre ambos pies.

Asegúrese de que sus dedos estén relajados y no se contraigan como si se agarraran al suelo.

Las rodillas

Lleve su consciencia a las rodillas y observe si se encuentran ligeramente dobladas. Esto evita que el peso del cuerpo se quede atorado en ellas, como sucedería si estuvieran totalmente extendidas hacia atrás, como trabadas. Trabar las rodillas hace que soporten gran parte de la carga del cuerpo, además de afectar a la parte baja de la espalda e interrumpir la circulación de Chi y el flujo sanguíneo en el resto del organismo.

Balancéese ligeramente sobre sus pies del talón a la punta y sienta cómo el peso desciende gradualmente a ellos y se aleja de las rodillas. Su peso ha de apoyarse un poco más en los talones, enviando la fuerza a la parte posterior de la rodilla, en lugar de hacerlo hacia el frente.

La medula espinal

Traslade su consciencia de las piernas hacia la espalda y revise si hay alguna tensión en el área de las vértebras lumbares originada por una inclinación de la pelvis. Asegúrese de que su columna no esté encorvada hacia el frente.

Continúe desplazando su consciencia por la espalda hasta sus hombros. Revise que éstos no se encuentren tensos ni levantados. Lleve su atención hacia la base del cráneo y asegúrese de que su barbilla esté ligeramente retraída y de que provoque una sensación de apertura.

La cabeza

Revise que su cabeza no cuelgue hacia adelante. Perciba un ligero tirón hacia arriba en la cúspide, mientras la Fuerza Celestial hace ascender a la Fuerza Terrestre. Relájese

tanto como le sea posible y permita que el tirón Celestial le mantenga suspendido y estire su columna.

Quizás necesite ajustar muy lentamente el ángulo de su cabeza. Observe cómo fluye la energía desde las plantas de sus pies hasta su coronilla cuando el tirón Celestial sea intenso.

Los ojos

Mantenga los ojos abiertos y relajados. Dirija su vista directamente hacia el frente, no hacia el suelo ni hacia el cielo. Tome consciencia de la sutil sonrisa interior que relaja los rabillos de sus ojos

La mandíbula

Relaje la mandíbula y asegúrese de que no esté apretada. Los molares posteriores no deben oprimir con fuerza. Mantenga la lengua ligeramente en contacto con el paladar en un ángulo cómodo que no produzca una salivación excesiva.

Comisuras de los labios

Haga que una sonrisa interior levante las comisuras de sus labios. Relaje los músculos del cuello y la garganta tanto como le sea posible. Trague un poco de saliva para ayudar a que sus músculos se relajen.

El pecho

Traslade su consciencia al esternón. Si está tenso, inhale lentamente sin tensarlo aún más y exhale con lentitud por la boca hasta vaciar totalmente sus pulmones.

Parte baja del abdomen

Revise que los músculos de la parte baja de su abdomen estén relajados y que se expandan con cada inhalación y se contraigan con cada exhalación de manera natural y sin esfuerzo.

Ano y perineo

Desplace su atención hacia el ano y manténgalo ligeramente contraído. Es importante que esta contracción anal no sea forzada, pues provocaría tensión en todo el tronco. Dicha contracción debe más bien ser resultado de un buen tono muscular en el perineo.

Axilas

Traslade su consciencia a las axilas. Permita que debajo de ellas exista un espacio suficiente como para sostener una pelota de ping pong.

Palmas

Permita que el centro de sus palmas esté totalmente relajado y que sus dedos cuelguen libremente.

Puntos de observación

Cuando practique el conjunto completo de posturas del Tai Chi Chi Kung, atienda a cada uno de los siguientes puntos:

* El centro de gravedad debe estar alineado principalmente con el Tan Tien.
* Es necesario mantener el tirón Celestial en todo momento.
* La velocidad ha de ser uniforme.
* Los movimientos deben fluir continuamente, sin sacudidas ni cambios repentinos.
* La respiración ha de ser uniforme y nunca debe retenerse.
* Debe mantenerse siempre la respiración abdominal natural.
* El pecho ha de estar ligeramente hundido y los omóplatos curvados.
* Los nueve puntos de los pies deben estar en contacto permanente con el suelo a menos que se esté realizando un movimiento que requiera lo contrario.
* En cada paso es necesario distinguir entre Yin y Yang, plenitud y vacío.
* La cadera dirige el movimiento del tronco.
* La estructura de la espalda no se altera al descender.
* Los codos siempre apuntan hacia el suelo.

Seleccione uno de los puntos anteriores y haga énfasis en él durante cada sesión de práctica. No pase al siguiente hasta que lo haya dominado, luego, seleccione un nuevo punto de énfasis.

Mantenimiento de la postura

Comience el conjunto de posturas del Tai Chi. Deténgase en cada una de ellas y manténgala mientras revisa lo siguiente:

* ¿Siente un tirón en la cúspide de la cabeza?
* ¿Está alineada su columna?
* ¿Se inclina más hacia un lado que hacia el otro?
* ¿Se encuentra su centro de gravedad en la parte baja de su abdomen?
* ¿Sobrepasa su rodilla la punta de sus pies?
* ¿Están en contacto con el suelo los nueve puntos de sus pies?
* ¿Es su postura sólida o inestable?
* ¿Miran sus ojos hacia el frente?
* ¿Su respiración es relajada?

Tómese su tiempo para cada postura. Incremente gradualmente la duración de la misma partiendo de 30 segundos, hasta llegar a los cinco minutos. Observe si siente dolor o tensión. Esto le indicará que hay algún ligero defecto en su alineación.

131

NIVEL INTERMEDIO

Una vez que haya integrado todos los puntos del nivel inicial a la forma del Tai Chi, continúe el proceso de refinamiento en el nivel intermedio.

Sienta cómo los músculos se separan de los huesos

Experimente una relajación profunda en la meditación, al grado de sentir cómo sus músculos se separan de los huesos. Este nivel de relajación permite que el flujo de energía vital sea mucho más eficiente que cualquiera que haya experimentado con anterioridad. Traslade ese nivel de relajación a la práctica del Tai Chi.

Dirija la forma con la mente/ojo/ corazón y con el flujo del Chi

Como una prolongación del movimiento en relajación profunda, permita que sus movimientos de Tai Chi estén dirigidos más por la mente y el Chi y menos por la contracción muscular que se utiliza típicamente en el nivel inicial.

Conserve un ritmo suave y uniforme

Observe cuál es el ritmo que utiliza para realizar los movimientos al inicio de la sesión y trate de mantenerlo hasta los movimientos finales. Como lo importante aquí es la gracia de su Tai Chi, su ritmo debe ser uniforme durante toda la práctica.

Concéntrese en la descarga de energía

Comience por distinguir cada parte del movimiento y sienta la transferencia de la energía en cada etapa. Practicar con movimientos lentos permite sentir la ubicación exacta de la energía en las distintas fases.

Controle el tamaño del paso

La mejor guía consiste en marcar el punto en el que comienza la práctica. Si todos sus pasos son siempre iguales, terminará en el mismo punto en el que comenzó o muy cerca de él. Además, esto le permitirá apuntar siempre en la dirección exacta en cada transición.

El tamaño del paso deberá regularse según sea la longitud de las piernas. Si los pasos son demasiado cortos, generalmente se termina con las rodillas más allá de las puntas de los pies. Esto hace que las rodillas carguen demasiado peso y se puede provocar dolor. Si el paso es excesivamente amplio, al realizarlo se pierde el centro de gravedad.

Revise si se inclina más hacia un lado que hacia el otro

Los signos específicos son:
* Un hombro está más alto que el otro.
* Las manos no se encuentran al mismo nivel al empujar o girar.
* El hueso sacro y la cadera se inclinan hacia un lado en los movimientos de descenso.
* Su cuerpo se inclina hacia adelante durante el empuje y la Guardia Exterior.
* Su cuerpo se inclina hacia atrás en los movimientos de descenso.

PRACTICA AVANZADA

Una vez que el practicante ha asimilado todos los puntos de los niveles inicial e intermedio y no tiene ya que revisarlos ni pensar en ellos, se considera que ha alcanzado un nivel avanzado en la práctica del Tai Chi. A continuación presentamos los elementos importantes que se han de observar en este nivel:

1. La tranquilidad mental que se cultiva por medio de la meditación produce la ausencia de pensamientos aleatorios. Trate de mantener ese estado al practicar el Tai Chi.

2. Sienta el flujo de energía en cada etapa de los movimientos. Permita que su mente se disuelva en la energía y el movimiento.

3. Mantenga una respiración uniforme en todo momento. Inhale durante la fase Yin de cada movimiento (descenso, giro, etcétera) y exhale durante la fase Yang (Guardia Exterior, empuje, Azote Sencillo, etcétera).

Posteriormente podrá coordinar las inhalaciones y exhalaciones automáticamente y sin esfuerzo consciente.

4. Mantenga su mirada inmóvil, sin parpadear excesivamente ni mirar a su alrededor. Los ojos son el espejo de la mente y del espíritu. Manténgalos relajados y alerta.

5. Concéntrese totalmente en los movimientos sin distraerse con los sonidos.

6. Adquiera relajación y elasticidad muscular y conserve su capacidad de descargar la energía instantáneamente.

7. Muévase y avance en silencio.

8. Permanezca centrado en el Tan Tien durante toda la sesión.

Segunda parte

7

Las formas Yin y Yang de la Sonrisa Interior

YIN Y YANG EN EL TAI CHI CHI KUNG

La inseparabilidad, la interpenetración y el dinamismo del Yin y el Yang están expresados en el símbolo del Tai Chi. Dicho símbolo representa el movimiento: el Yang empuja al Yin y el Yin penetra en el Yang. Los caracteres chinos originales que designaban a estos elementos simbolizaban el lado oscuro y el lado iluminado de una montaña respectivamente. Sus cualidades son relativas: el lado Yang es caliente, luminoso y seco, en contraste con el lado Yin, que es frío, oscuro y húmedo.

Símbolo del Tai Chi

Pese a su profundidad, este símbolo no deja de ser un símbolo; el concepto de Yin y Yang carece de valor a menos que se relacione con el continuo movimiento de la danza de la vida.

Los cambios del Yin y el Yang conservan el ciclo de equilibrio en la naturaleza; la noche sigue al día, la luna al sol, el invierno al verano. Cuando el invierno se vuelve demasiado frío, sabemos que se aproxima la cálida primavera. Cuando el verano es demasiado caluroso, sabemos que el fresco otoño está por llegar.

Igualmente, en el Tai Chi Chi Kung el concepto de Yin y Yang adquiere una realidad física. El Tai Chi es una forma de experimentar conscientemente estos elementos. Ciertos movimientos son característicamente Yin, mientras que otros son más Yang.

Entre las interpretaciones físicas del Yin y Yang se encuentran las siguientes:

Yin	Yang
Tierra	Cielo
Inhalar	**Exhalar**
Acopio de energía	Descarga de energía
Descender	Elevarse
Retroceder	Avanzar
Cerrar	Abrir
Bajar	Subir
Doblar	Enderezar

Yin	Yang
Contraer	Expander
Receptivo	Activo
De apoyo	Dominante
Blando	Firme
Fondo	Superficie
Almacenamiento	Descarga
Interior	Exterior
Suave	Duro
Defensa	Ataque

Como indica el símbolo del Tai Chi, cada movimiento del Tai Chi Chi Kung es una combinación particular de Yin y Yang. A más Yang, menos Yin; a más Yin, menos Yang. La secuencia de movimientos del Tai Chi está coreografiada de tal forma que las proporciones relativas de Yin y Yang cambian constantemente. Una situación que al principio se caracteriza por ser principalmente Yin se transforma, mediante el flujo de los movimientos, en una situación que puede describirse como principalmente Yang al incrementar gradualmente este elemento y al mismo tiempo reducir el Yin.

Aunque las proporciones de Yin y Yang cambian constantemente, por convención describimos los movimientos en términos del polo hacia el cual nos movemos. Por tanto, los cambios descritos se expresarían como sigue: Más Yin a Menos Yin a Menos Yang a Más Yang a Menos Yang a Menos Yin a Más Yin. Este ciclo se repite a lo largo de toda la forma Chi Kung del Tai Chi.

Relajación y actividad

La relajación es la clave para distinguir entre Yin y Yang y es la base de la actividad. También la absorción del Chi es crucial. Como vimos en la práctica de la Sonrisa Interior, la sonrisa es una técnica de relajación extremadamente efectiva. Es importante comenzar la forma Chi Kung del Tai Chi con una sonrisa y sonreír continuamente durante la sesión.

La sonrisa comienza en los ojos y se extiende por todo el rostro, levantando ligeramente las comisuras de los labios. Posteriormente, se dirige hacia los órganos, particularmente hacia el corazón y los riñones.

Las articulaciones se abren al sonreírles y esto produce mayor libertad de movimientos. Asimismo, los músculos se relajan con una sonrisa. Esto los hace separarse de los huesos y permite que el Chi circule con mayor fluidez. Al sonreír a los huesos, enviamos energía a su interior. La meta del Tai Chi Chi Kung consiste en usar la mente para absorber, transformar y dirigir el Chi. La Sonrisa Interior sienta las bases para lograr esa meta.

La Sonrisa Interior

Cielo y Tierra

Al iniciar la práctica del Tai Chi Chi Kung es útil evocar la imagen del árbol, ya que en ella se presenta una disposición ideal para la absorción de la energía. Las raíces se encuentran enterradas profundamente en el suelo y absorben la Fuerza Terrestre. El tronco permanece recto y se alza para absorber la Fuerza Celeste. Las hojas se extienden hacia el exterior para absorber la Fuerza Cósmica.

Absorción de la Fuerza Terrestre

Para iniciar la forma Chi Kung del Tai Chi, empuje el hueso sacro ligeramente hacia adentro, de manera que el coxis se alinee con su columna y que perciba la fuerza en la región lumbar. Este ligero movimiento hará que presione con mayor firmeza los nueve puntos de su pie contra el suelo. Balancee lenta y gradualmente sus pies del talón a la planta hasta que sienta cómo asciende la fuerza por el talón hacia la cadera y la columna. Perciba cómo se activan las fuentes brotantes cuando la Energía Terrestre asciende al punto de la Fuente Brotante, que se encuentra en la parte media del pie, de donde pasa a las piernas para introducirse en la columna y el coxis.

La Energía Terrestre produce en la columna un movimiento en forma de onda. Cuando dicha energía llega a los omóplatos, el Chi hace ascender los brazos hasta la altura de los hombros. Al hundir el pecho y retraer la barbilla, la energía continúa subiendo por el área cervical de la columna hasta la cúspide de la cabeza. Al elevarse la cúspide de la cabeza tiene lugar una conexión con la Fuerza Celeste. Notará un tirón hacia arriba que le hará sentir como si todo su esqueleto estuviera suspendido desde lo alto.

Mantenga la unión con las Tres Fuerzas durante toda la práctica. Siéntase arraigado en

la tierra e impulsado hacia el Cielo. Mantenga sus dedos separados como si fueran hojas movidas por el viento, mientras percibe la Fuerza Cósmica. Sentirá ésta última como si fuera un océano de Chi que le rodea.

La energía se absorbe durante la fase Yin del movimiento. El proceso de desalojo, considerado Yin, crea un espacio que ha de ser llenado. La respiración es un ejemplo de este proceso. El final de una inhalación es totalmente Yin en el exterior del cuerpo. En ese momento, el interior de los pulmones es completamente Yang y se encuentran total-

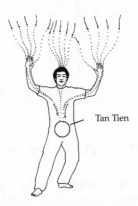

Tan Tien

Absorción de la Energía Celeste

mente expandidos. Al expeler el cálido aire Yang, el exterior del cuerpo se vuelve más Yang, mientras que el interior se vacía y se vuelve Yin, aumentando su potencial de absorción de aire. Absorba suavemente la energía por sus palmas y plantas. Hágalo con delicadeza, como si tirara de un hilo de seda.

La Fuerza Terrestre es fría y penetra a nuestro cuerpo a través de su parte más Yin: los pies. Por tanto, esa energía se considera Yin. La Fuerza Celeste es cálida y penetra por la parte más Yang de nuestro cuerpo, es decir, la cabeza. Por esa razón se considera Yang. La humanidad se encuentra entre ambas fuerzas y tiene la responsabilidad de armonizarlas.

139

Al absorber las energías Yin y Yang y combinarlas en el Tan Tien, se transforman en Chi altamente utilizable, el cual nutre a todo el organismo al circular por la Orbita Microcósmica.

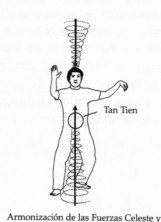

Tan Tien

Armonización de las Fuerzas Celeste y Terrestre en el Tan Tien

Plenitud y vacío en las piernas

Una de las características más importantes del Yin y el Yang en el Tai Chi Chi Kung es la consciencia de la plenitud y el vacío. Al realizar los movimientos básicos, traslade su peso hacia adelante y hacia atrás entre sus piernas derecha e izquierda. La pierna que soporta el peso es la pierna llena; es la más Yang o más activa porque realiza la mayor parte del trabajo de soporte. De manera similar, la pierna vacía es aquélla que soporta poco o ningún peso corporal; se encuentra más relajada, más Yin y carece de tensión.

Tenga en cuenta una importante ley del Yin y el Yang: nada es enteramente Yin ni enteramente Yang. El Yang siempre contiene algo de Yin y el Yin siempre contiene algo de Yang. Por tanto, los conceptos de plenitud y vacío se refieren al predominio de Yin o Yang en la pier-

na. Por ejemplo, la pierna llena es Yang de 51 a 99 por ciento; sin embargo, aunque el Yang predomina, dicha pierna tiene aún entre 1 y 49 por ciento de Yin.

Cuando comience a moverse, debe distinguir claramente entre Yin y Yang. La pierna llena es la que tiene el poder, pues libera la energía almacenada como un arco que dispara la flecha. Al hacerlo, dicha pierna se vacía y la otra se convierte en Yang o plena, al recibir el peso del cuerpo cuando se apoya en ella. En el *Tao Te Ching* se expresa esta idea en los siguientes versos: "Lo que se deba enderezar, debe ser antes doblado; lo que se deba llenar, primero debe vaciarse."

Vacío y plenitud en los brazos

De manera similar, los brazos cambian continuamente, pasando de vacíos a llenos. Uno de ellos siempre es dominante y substancial, mientras que el otro sirve como apoyo, es receptivo e insubstancial. El brazo lleno siempre es el opuesto a la pierna llena. Por ejemplo, si el peso se apoya predominantemente en la pierna izquierda, el brazo derecho será el que está lleno.

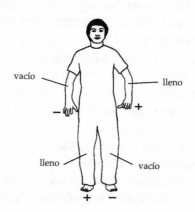

Oposición funcional

Los lados vacío y lleno cambian con cada movimiento. Por ejemplo, en el movimiento de Empuje (de la forma de la Mano Izquierda), la pierna derecha se encuentra inicialmente hacia adelante y soporta el peso del cuerpo. Al trasladar el peso a la pierna izquierda, la mano derecha se convierte en dominante y la izquierda deberá relajarse un poco más para desempeñar una función de apoyo y receptividad. Al transferir su peso hacia el frente, la mano derecha es la dominante al inicio del empuje, pero como la pierna derecha comienza a llenarse con el peso del cuerpo, la mano derecha debe relajarse proporcionalmente mientras la izquierda se convierte en dominante.

Esta idea se ilustra con la forma en la que lanza la pelota un pitcher derecho en el béisbol. Primero se vuelve hacia arriba y traslada el peso de su cuerpo a su pierna derecha para almacenar energía. Posteriormente, transfiere su peso hacia adelante, a su pierna izquierda, y lanza la pelota. Otro ejemplo lo constituye la forma en que balanceamos los brazos cuando caminamos o corremos. Cuando una pierna se adelanta, el brazo opuesto se balancea hacia adelante como contrapeso. La oposición funcional se presenta en toda la forma del Tai Chi Chi Kung y sirve para equilibrar lo alto y lo bajo, la izquierda y la derecha.

Evite el error del doble-peso

Se llama doble-peso al hecho de no distinguir entre Yin y Yang y entre plenitud y vacío. Este defecto puede presentarse en varias formas. La primera de ellas es cuando ambos brazos tratan de ser Yang al mismo tiempo o cuando el peso del cuerpo se distribuye equitativamente entre ambas piernas a la vez (esto es un error en los Movimientos Básicos, pero no en los Iniciales. En éstos, el Yin y el Yang se expresan en términos de arriba y abajo, expansión y contracción). Cuando el peso está dividido exactamente entre ambos pies, resulta más difícil trasladarlo rápidamente a un lado u otro. Muchas personas han experimentado esta sensación cuando, practicando deportes como el tenis o el raquetbol, las han pillado "con los pies planos" y han sido incapaces de reaccionar con rapidez.

La segunda forma en la que ocurre el doble-peso es cuando las partes superior e inferior de un mismo lado del cuerpo son las dos Yang o las dos Yin. Para continuar con el ejemplo del pitcher de béisbol, ningún lanzador derecho se apoya en su pierna derecha al hacer el lanzamiento. Quien lo intente, se dará cuenta de lo difícil que es. Para evitar este tipo de doble-peso, asegúrese siempre de trasladar su peso a la pierna izquierda cuando desee tener la fuerza en su brazo derecho y viceversa. Igualmente, cuando desee que su brazo izquierdo sea flexible o vacío, su pierna derecha también deberá estar vacía. La observación de estas reglas de Yin y Yang le mantendrá en equilibrio durante la práctica del Tai Chi.

Doblar y enderezar

Doblar es Yin, mientras que enderezar es Yang. Cuando doblamos los brazos, las piernas y la columna, almacenamos la energía, y cuando los enderezamos, liberamos esa energía almacenada. Los Clásicos del Tai Chi dicen: "Almacenar la energía es como tensar el arco; liberarla es como disparar la flecha". Por esa razón, los brazos, las piernas y la columna se conocen en el Tai Chi como los Tres Arcos. Si desea disparar la flecha a una gran distancia, primero debe tensar el arco.

Con frecuencia, los principiantes no doblan las rodillas lo suficiente cuando trasladan el peso de su cuerpo hacia adelante y hacia atrás. Por esa razón, sus movimientos carecen de fuerza. Sin embargo, una flexión excesiva puede provocar que la estructura se colapse, por lo que es importante no doblar demasiado ni demasiado poco.

De manera similar, el hecho de enderezar demasiado los brazos o las piernas puede provocar rigidez y estiramientos excesivos. En el Chi Kung, a las articulaciones se les llama con frecuencia "las puertas energéticas del cuerpo". Por tanto, siempre que enderece los brazos o las piernas, no trabe nunca los codos o las rodillas. En lugar de ello, mantenga siempre una ligera flexión en esas articulaciones para conservar abiertas las puertas de la energía. Esto permitirá que el Chi y la sangre fluyan libremente por las extremidades sin la obstrucción que se crea al trabar las articulaciones y cerrar inadvertidamente dichas puertas.

Arriba y abajo, avance y retroceso, izquierda y derecha

Los Clásicos del Tai Chi dicen: "Si hay arriba, hay abajo; si hay retroceso, hay avance; si hay izquierda, hay derecha. Si tu intención es moverte hacia arriba, debes al mismo tiempo incluir la idea de lo bajo". Arriba y abajo son dos caras de una misma moneda. Lo mismo se aplica al avance y al retroceso, a la derecha y a la izquierda. Esto es especialmente importante en las aplicaciones y estrategias del Tai Chi en las artes marciales. Al

moverse hacia adelante, debe estar siempre listo para retroceder si fuera necesario. Del mismo modo, cuando retroceda, debe estar alerta para aprovechar cualquier oportunidad de avance. Si se concentra exclusivamente en avanzar y no se ocupa de retroceder, fácil-

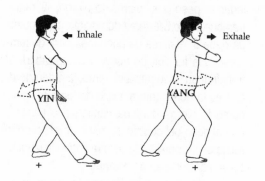

El retroceso es Yin; el avance es Yang

mente lo podrán hacer caer en una trampa. Su mente será incapaz de cambiar con la rapidez suficiente para poder escapar porque es demasiado Yang y usted no ha mantenido la semilla del Yin en su intento.

Si desea dirigir a su oponente hacia arriba, es buena estrategia aplicar antes una ligera fuerza hacia abajo. Su enemigo tenderá a tratar de defenderse del falso ataque inferior moviéndose hacia arriba. Entonces, usted será quien dirige su intención, tomará prestada su energía uniéndola a la suya en su ataque superior y lo desarraigará sin esfuerzo.

Este principio también es válido con la izquierda y la derecha. Si desea atacar el lado derecho de su oponente, deberá distraerlo aplicando una ligera fuerza a su izquierda. Cuando su atención se traslade hacia ese lado, dejará indefenso su lado derecho y facilitará el ataque.

142

Suave y duro

Los Clásicos del Tai Chi dicen: "La mayor dureza surge de la mayor suavidad". Con frecuencia se afirma que el Tai Chi Chi Kung es un arte marcial de estilo suave. Esto se debe a que en la mayoría de las artes marciales se hace énfasis en la fuerza y la velocidad, mientras que el Tai Chi destaca el equilibrio entre la suavidad y la dureza. Aún así, es erróneo considerar al Tai Chi un estilo suave, porque el vocablo Tai Chi significa Yin y Yang, duro y suave. Algunos estudiantes cultivan erróneamente el lado suave y excluyen el duro, por lo que acaban practicando lo que los verdaderos maestros llaman con desprecio "Tai Chi tofu".

Aunque la mayoría de la gente comprende fácilmente el poder de la dureza en las artes marciales, el poder de la suavidad y la elasticidad les parece contradictorio y confuso. La fuerza del Tai Chi se compara con el refinado acero de los muelles. Este metal es flexible y resistente, suave y poderoso. Para refinar el hierro mineral hasta convertirlo en ese tipo de acero, es necesario fundirlo muchas veces hasta convertirlo en un líquido muy suave del cual se han retirado todas las impurezas. Del mismo modo, en la práctica del Tai Chi debemos aprender primero a relajarnos y a dar flexibilidad a todas nuestras articulaciones hasta eliminar toda tensión y rigidez innecesarias de nuestros movimientos. Como resultado, nos volvemos fuertes y flexibles. Exteriormente suaves y firmes en nuestro interior, como acero envuelto en algodón. Este es el poder auténtico, el equilibrio entre Yin y Yang.

El principio del equilibrio entre suavidad y dureza también se aplica a la hora de enfrentarse a un oponente. Enfrentamos la fuerza Yang del enemigo con Yin y atacamos con Yang su área Yin. En el Tai Chi nunca afrontamos directamente el ataque Yang. En lugar de enfrentar lo más intenso de la fuerza Yang del oponente, lo hacemos de una manera Yin más suave. Dado que el Yang siempre contiene Yin, debemos buscar al mismo tiempo los sitios en los que el oponente es suave y Yin (débil e indefenso) y aplicar nuestra fuerza Yang en ese área. No desperdiciamos nuestra fuerza Yang enfrentando directamente la fuerza Yang del enemigo, sino que conservamos nuestra energía Yang y esperamos a aplicarla en donde se necesite la menor cantidad de esfuerzo para obtener la máxima ventaja.

Defensa y ataque

En muchos estilos de artes marciales los movimientos de defensa y de ataque se dividen en dos pasos separados. Primero está el bloqueo y luego el ataque. En el Tai Chi Chi Kung, el Yin y el Yang, la defensa y el ataque se integran en cada movimiento individual. Generalmente, en esta disciplina, ambos elementos se ejecutan de modo simultáneo. Mientras una mano defiende, la otra ataca; mientras la parte superior del cuerpo defiende, la parte inferior ataca.

TENDON YIN/YANG: EJERCICIO DEL ARBOL

El ejercicio del árbol es un medio para experimentar y distinguir mejor la fuerza Yin y Yang y enfatizar sus sutiles diferencias energéticas.

1. Encuentre un árbol sano, hermoso y verde y comience dirigiendo el movimiento de Guardia Exterior hacia él,

143

con su pierna y su brazo derechos al frente.

2. Inicie con una inhalación muy lenta. Sienta cómo la Fuerza Terrestre tira de su hueso sacro hacia abajo. La Fuerza Celeste produce el tirón correspondiente hacia arriba. Comience a empujar la pierna derecha hacia el suelo, echando hacia atrás su estructura sin mover las manos.

Mantenga los pies en su sitio. Enderece la muñeca derecha de manera que la palma deje de apuntar hacia su cuerpo y se vuelva hacia la izquierda. Coloque la mano izquierda de forma que su palma apunte hacia arriba.

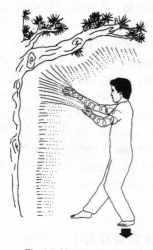

Ejercicio Yin - Yang con un árbol

3. Baje la cadera profundamente apoyándose en el pie izquierdo. Sienta cómo todo el peso de su cuerpo descansa en el pie, la planta, el talón y la cadera. Mientras realiza este movimiento, ponga la mano izquierda bajo la derecha y deslícela por la parte inferior del brazo derecho hasta que quede justo por debajo del codo. Este movimiento se conoce como Protección del Codo.

Esta es la parte Yin del ejercicio. Por ello, al bajar la cadera, la energía se absorbe a través de las puntas de los dedos y los tendones de los brazos y se traslada al resto de los tendones de la estructura. Concéntrese en absorber la energía del árbol, que es una rica fuente de energía saludable. Cuide de mantener el pecho hundido y los brazos curvados. No permita que el derecho se colapse acercándose al cuerpo. Con frecuencia, durante el descenso, la cadera se tuerce hacia un lado, en la dirección de la pierna izquierda. Esto se debe a una combinación de factores: uno de ellos es la rigidez de los músculos y ligamentos que conectan la cadera con la columna y las piernas; el segundo es un descenso excesivo que hace que la línea central de gravedad rebase la planta del pie izquierdo. Al girar hacia un lado, el centro de gravedad se recupera en cierta medida, pero se pierde la alineación con la columna. Este problema es frecuente, particularmente entre las mujeres. Es necesario practicar regularmente ejercicios para aflojar la cadera, junto con la respiración abdominal.

4. La fase Yang comienza al concluir el descenso. Esta vez las manos no se mueven en absoluto. Conserve su postura e inicie esta fase exhalando lentamente y presionando la pierna izquierda contra el suelo. Esto crea una fuerza que se origina en la ingle abierta y luego se desplaza hacia los

tendones de las piernas, que ahora reciben la Energía Terrestre de rebote. En base a la precisión de su estructura, la Energía Terrestre asciende a los tendones de su cuerpo, pasando de la cadera a la vértebra C-7 y de ahí hacia los tendones del brazo derecho, para salir por los dedos hacia el árbol. En ese momento, el árbol absorbe la energía Yang que usted está generando.

Una vez que se haya sensibilizado para percibir los sutiles intercambios de energía Yin y Yang que tienen lugar con el árbol, podrá continuar este ejercicio sin perder energía, pues compartirá con el árbol las fases Yin y Yang de dar y recibir.

Para adquirir consistencia, haga que sus inhalaciones y exhalaciones correspondan con los movimientos Yin y Yang del ejercicio. A fin de obtener resultados óptimos, todos los movimientos han de ser tan lentos y suaves como sea posible.

YIN Y YANG: LA FORMA DE LA SONRISA INTERIOR

Los ejemplos y ejercicios anteriores le habrán permitido comprender y aplicar los principios del Yin y el Yang en su práctica del Tai Chi Chi Kung. Hemos explicado paso a paso los movimientos introductorios para ayudarle a lograr este objetivo.

En los siguientes movimientos básicos, aplique los principios del Yin y el Yang según han sido descritos en las páginas iniciales del presente capítulo.

Movimientos introductorios

Postura Wu Chi

La sonrisa

La Sonrisa Interior desempeña una función particularmente importante en la postura Wu Chi. Este vocablo significa Nada Suprema o Apertura Pura. Al sonreír al centro de nuestra garganta o paratiroides, abrimos nuestra capacidad de expresión. Para participar de la interacción entre Yin y Yang, hacemos énfasis en la capacidad de cambiar con gracia y suavidad. Cuando abrimos el centro de la garganta, sentimos deseos de cambiar.

La sonrisa en la práctica del Tai Chi expresa una feliz unión con el universo. Asimismo, elimina la tensión (como la que experimentamos cuando sentimos un nudo en la garganta debido a la ansiedad).

Seguidamente, sonría a sus músculos. Esto ayuda a corregir cualquier tensión excesiva provocada por un apoyo estructural innecesario en los músculos y contribuye a transferir una mayor cantidad del trabajo de carga a los huesos y tendones. Si los músculos se separan de los tendones, el Chi fluye.

Finalmente, sonría a los tendones y a los huesos a fin de preparar adecuadamente su cuerpo para el movimiento. Esto será importante más adelante para ejecutar correctamente la Forma del Cambio de los Tendones y la Respiración Osea.

Respiración y acopio de energía

La respiración ayuda a dirigir las fases del movimiento. *La inhalación es Yin (acopio de fuerza), mientras que la exhalación es Yang (expresión y liberación de la misma)*. También actúa como medida de las divisiones Menor, Mayor y Máxima de los ciclos Yin y Yang. Es esencial que el practicante nunca se quede sin aire o tenga que inhalar rápidamente para continuar durante el curso de la forma completa. La respiración debe ser tan suave, lenta y uniforme como los movimientos. Se dice que si controlamos nuestra respiración, controlamos nuestra vida.

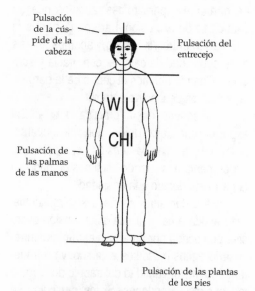

Pulsación de la cúspide de la cabeza

Pulsación del entrecejo

WU CHI

Pulsación de las palmas de las manos

Pulsación de las plantas de los pies

Ponga mucha atención a las pulsaciones de las palmas de las manos, del entrecejo, de la cúspide de la cabeza y de las plantas de los pies, pues sirven para coordinar la respiración y el flujo de Chi con los movimientos. Asimismo, atienda a las pulsaciones de las articulaciones durante la postura Wu Chi, especialmente en las articulaciones intervertebrales.

INICIO DEL TAI CHI
Preparación

La transferencia del peso comienza al descender apoyándonos en la pierna izquier-

da. De esta forma, el peso más ligero es Yin y el más pesado es Yang. Asimismo, la izquierda es Yin y la derecha es Yang, como naturalmente ocurre en el cuerpo. Las funciones de la izquierda y la derecha se invierten durante los movimientos de transición en las distintas direcciones. Una vez más, la espalda debe mantener la unión entre la Tierra (Yin) y el Cielo (Yang).

Separación de las piernas

La separación de las piernas hace que el peso corporal se distribuya equitativamente entre ambas piernas y produce un equilibrio entre el Yin y el Yang. En esta fase se hace énfasis en el Wu Chi, que es la nada, que se encuentra más allá del Yin y el Yang. Es el sutil contrapeso del cual emergen posteriormente el Yin y el Yang en forma de Tai Chi.

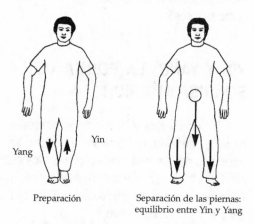

Yang   Yin

Preparación   Separación de las piernas: equilibrio entre Yin y Yang

Levantamiento de los brazos

Las puntas de los dedos, que apuntan hacia abajo, nos unen con la energía Terrestre y absorben esa corriente fresca, saludable, azul y parecida a la electricidad, durante la fase Yin del Levantamiento de los Brazos. A esto sigue la fase Yang, en la que los brazos se desplazan hacia afuera y flotan ligeramente en forma ascendente hacia el Cielo. Cuando las muñecas llegan a la altura de los hombros, comienza una transición hacia el Yin mientras los brazos se doblan y se contraen hacia dentro, preparándose para el Empuje con las dos Manos.

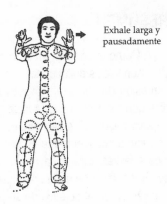

Exhale larga y pausadamente

Con las dos manos empuje la exhalación - Yang

Continúe inhalando lentamente

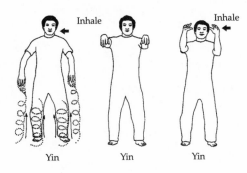

Inhale

Inhale

Yin

Yin

Yin

Levantamiento de los brazos

Empuje con las dos manos

La acción ondulante del Empuje con las dos Manos es la acción Yang de la energía Terrestre desplazándose por todo el cuerpo en la dirección del empuje. En el Chi Kung Camisa de Hierro II se destaca particularmente esta habilidad: los tendones conducen el flujo de energía sincronizándolo con el pulso del Chi. Inicie el movimiento con los nueve puntos de sus pies, que habrá de presionar hacia el suelo creando una onda que asciende por las rodillas, la ingle y la cadera, hacia el sacro. Relaje los músculos psoas y empuje hacia adelante su hueso sacro en el momento justo para impulsar la onda por su columna hasta el C-7, donde incrementará su fuerza retrayendo el mentón y la dirigirá hacia los hombros, los

codos, las muñecas y las palmas de las manos. Dirija el movimiento con la fuerza de los tendones de todo su cuerpo; las manos nunca se mueven independientemente.

Descenso de los brazos

En la fase Yin, retraiga suavemente los brazos y haga que sus muñecas apunten nuevamente hacia su cuerpo sin hacerlas descender del nivel de los hombros. Después, con los brazos relajados y pasivos, exhale y deje que la Fuerza de Gravedad Terrestre haga descender los brazos hasta la altura de su cadera.

Inhale

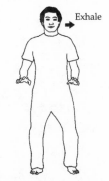

Exhale

Levante los brazos e inhale - Yin

Haga descender las manos y exhale - Yang

RESUMEN

Como puede ver, en la forma del Tai Chi Chi Kung existen muchos aspectos de la expresión del Yin y el Yang. El Tao Te Ching dice que "un viaje de mil millas comienza con un solo paso". La mejor manera de aprender consiste en concentrarse en uno de los principios a la vez. Elija un aspecto de Yin y Yang según se describe en las páginas anteriores y conviértalo en el objetivo de su práctica hasta que lo domine y lo integre en todos los movimientos de su ejecución de la Forma del Tai Chi Chi Kung. Después pase al siguiente. De este modo, paso a paso, pronto dominará los diversos elementos del Yin y el Yang.

8

Arraigo y conexión a tierra: unión con el planeta

¿QUE ES EL ARRAIGO?

En el diccionario, una de las definiciones de la palabra raíz es "la fuente u origen de una acción o cualidad". Tal definición concuerda con los Clásicos del Tai Chi: "Todos los movimientos tienen su raíz en los pies, se desarrollan en las piernas, los dirige la cintura y se expresan a través de los dedos y de las manos".

El proceso físico del arraigo o enraizamiento implica alinear la estructura esquelética con la fuerza de gravedad. La resultante conexión con la tierra permite el libre tránsito energético de la estructura esquelética hacia la tierra y de ésta hacia la estructura.

Arraigo y autodefensa

El arraigo es esencial en todos los aspectos del Tai Chi Chi Kung: defensa, neutralización y ataque. En términos de defensa, la capacidad de redirigir verticalmente y hacia el suelo cualquier fuerza horizontal, hace que

sea casi imposible derribar a una persona arraigada o enraizada. El efecto es similar a clavar una estaca en el suelo. A mayor presión, más se hunde la estaca en la tierra.

En una postura arraigada, la neutralización o desviación se logra sin riesgo de perder el equilibrio. El poder de todo ataque, como la Guardia Exterior, el Empuje y la Presión proviene de la flexión y de la extensión de las piernas.

Desarrollo de la fuerza en las piernas

Los músculos de las piernas son los más fuertes del cuerpo. En nuestra sociedad, las piernas se han convertido en poco más que un medio para transportar nuestra cabeza y nuestros brazos de un lugar a otro. Sin embargo, en el Tai Chi Chi Kung desempeñan una función muy importante. En esta disciplina, el noventa por ciento de la fuerza proviene de las piernas. Dicha fuerza no puede ser usada a menos que se apoye en una base estable formada por los pies. Si éstos no están colocados adecuadamente, nuestro cuerpo es como un árbol con la mitad de sus raíces dañadas. Un árbol así tendría dificultades para absorber suficientes nutrientes del suelo. Además, estaría en riesgo de ser derribado por un vendaval.

Wu Wei y arraigo

Uno de los objetivos del Tai Chi Chi Kung es producir la máxima fuerza con el mínimo esfuerzo. Los taoístas llaman a este principio Wu Wei o ausencia de esfuerzo. Por ello, en el Tai Chi Chi Kung se hace énfasis en la relajación muscular y en transferir el esfuerzo de carga a la estructura esquelética y a los tendones. La tensión excesiva consume energía, mientras que la práctica correcta del Tai Chi Chi Kung genera energía e incrementa el Chi. Este excedente de Chi estará disponible para sanación o trabajo espiritual.

La importancia de la unión con la Energía Terrestre Yin por medio del enraizamiento o arraigo

Los niveles elevados de trabajo espiritual implican la absorción de grandes cantidades de Energía Celestial Yang. Quienes no cuentan con una manera efectiva de conectar a tierra esa energía y equilibrarla con la Energía Terrestre Yin tienden a recurrir a las drogas, al sexo, al alcohol o a la sobrealimentación para obtener el Yin que necesitan. Muchos de los famosos Maestros del Tai Chi del pasado fueron víctimas de esos vicios, en un intento mal dirigido de equilibrar su exceso de Yang. Los medios citados tienen conse-

cuencias negativas para la salud. En el Tao Curativo se hace énfasis en la absorción de las energías Yin puras de la Tierra mientras estamos arraigados, por lo que es posible realizar meditaciones de niveles más elevados sin abusar de las drogas, del sexo, del alcohol o de la comida.

En mi libro Chi Kung Camisa de Hierro I, doy descripciones detalladas sobre la forma de conectar toda la estructura. El lector deberá consultar dicho libro para obtener mayores referencias acerca de la alineación estructural.

Los nueve puntos del pie

La estructura esquelética está diseñada para distribuir uniformemente el peso del cuerpo entre los nueve puntos del pie. Si pusiéramos tinta en las plantas de los pies y pisáramos sobre un papel, los nueve puntos aparecerían impresos en éste: el punto del talón, la orilla exterior del pie, la bola pequeña, la bola grande y los cinco dedos. La distribución uniforme del peso corporal entre estos puntos proporciona una base sólida al resto de la estructura.

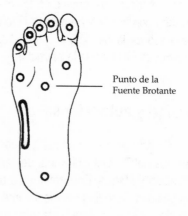

Punto de la
Fuente Brotante

En contraste, la distribución irregular del peso produce inestabilidad, tensión innecesaria y pérdida de poder. Un elemento que indica la distribución desigual del peso corporal es la forma en la que se desgastan las suelas de los zapatos. El calzado que ha sido usado durante algún tiempo tiene un patrón de desgaste irregular si una parte del pie se estresa habitualmente más que las otras.

La importancia de la conexión entre el pie y el suelo es reconocida en los deportes. Los zapatos diseñados para actividades deportivas específicas están proliferando. En la actualidad, cada deporte posee su propio tipo de calzado y cada fabricante trata de crear un modelo que otorgue una ventaja competitiva a sus usuarios. Los zapatos utilizados en los deportes que se practican sobre hierba incluso tienen clavos para ayudar a que los jugadores se arraiguen al suelo. En el Tai Chi Chi Kung se obtiene un resultado similar aplicando el conocimiento de la anatomía.

No usar los nueve puntos del pie es como sentarse en una silla con sólo dos de sus patas en contacto con el suelo: la posición resultante es inestable. La atención que, de haber estado apoyados en forma estable en las cuatro patas de la silla, pudo haberse dedicado a la tarea, debe desviarse para mantener el equilibrio. Esto también exige un esfuerzo muscular innecesario.

No apoyarse en los nueve puntos del pie es también como navegar en una galera en la que reman sólo la mitad de los esclavos. En ese caso se emplea sólo la mitad de la mano de obra disponible para mover el barco. Además, los esclavos que no reman se debilitan gradualmente a causa de la inactividad; ello hace que esta fuente de poder, ya de por sí reducida, continúe disminuyendo. Los practicantes del Tai Chi que rompen su arraigo

reducen significativamente su fuerza, pues pierden su base de soporte al hacer que el talón, los dedos o la orilla exterior se despeguen del suelo.

EJERCICIOS DE ARRAIGO

El Caminar del Tai Chi

Durante el día, es bueno que mientras camina sea consciente de sus pies. El siguiente ejercicio, el Caminar del Tai Chi, le ayudará a ser más consciente de sus pies al andar.

1. De un paso hacia adelante apoyando muy ligeramente el pie antes de trasladar su peso a él.

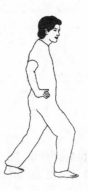

151

2. Apóyese lentamente en la orilla exterior del pie, luego en la bola pequeña que se encuentra bajo el dedo meñique y en la bola grande, que está debajo del dedo gordo. Apóyese en los dedos: el gordo, el segundo, el tercero, el cuarto y el meñique. Sienta cómo su peso se distribuye uniformemente.

3. Desplace de nuevo su peso hacia el pie posterior. Al hacerlo, cuide de mantener los nueve puntos de dicho pie apoyados en el suelo; asegúrese de no levantar el talón.

4. Levante los dedos, la bola pequeña, la grande y la orilla exterior del pie avanzado y gírelo hacia afuera en un ángulo de 45 grados.

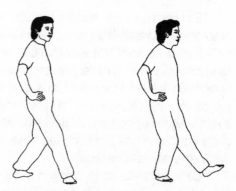

5. Apóyese en el pie avanzado y desplace todo el peso de su cuerpo hacia él. Equilíbrese y dé un paso recto con el pie libre, apoyando primero el talón muy ligeramente.

6. Repita los pasos 2 a 5 hasta 20 veces para sentir real y profundamente los nueve puntos del pie.

Perciba en cada paso la sensación que producen los nueve puntos al tocar el suelo. Al presionarlos contra el suelo y relajarse, se activa la Fuerza Terrestre. Cuando adquiera consciencia de los huesos y de los nueve puntos y se relaje, sentirá gradualmente cómo se transforma dicha fuerza y cómo asciende desde el suelo hasta su estructura ósea.

La fase de relajación es muy importante. Descanse y sienta la energía. Cuanto más se relaje, más fácilmente sentirá la fuerza; cuanto más tenso se halle, más se aferrarán los músculos a sus huesos y será más difícil que el Chi fluya. Cuando se relaja, el Chi fluye muy fácilmente por los huesos, las capas faciales y los músculos. Cuando presiona los huesos, éstos producen más Chi.

Esta forma precisa de caminar contrasta con la manera en que camina la mayoría de la gente, que es una versión ligeramente refinada del modo de andar de un niño pequeño. Para iniciar un paso, inclinan el torso hacia adelante y evitan caer al atrapar su propio peso con el pie desplazándolo rápidamente hacia el frente. La totalidad de la estructura se sacude con cada paso. Los riñones se ven particularmente afectados. A menos que hagamos un esfuerzo consciente para reentrenarnos, nuestro modo de caminar continuará siendo un proceso de caer y atraparnos. Compare esto con el andar calculado de un felino al acecho. Esto es lo que tratamos de emular en el Tai Chi Chi Kung.

Girar en espiral para soldar la estructura

El movimiento en espiral une la estructura de las piernas de una forma muy poderosa. Los huesos de la cadera se conectan con el fémur (el hueso superior), que se une en la rodilla con los dos huesos de la pantorrilla (la tibia y el peroné). Estos a su vez se enlazan con el pie a la altura del tobillo.

1. Para comenzar, póngase en pie con los pies separados a una distancia equivalente al ancho de sus hombros y con las rodillas ligeramente dobladas. Empuje el sacro hacia adelante hasta que sus pies presionen con mayor firmeza hacia el suelo. En esencia, este movimiento guía el Chi del

Presione los pies firmemente contra el suelo

Tan Tien hacia las piernas, los pies y la tierra. Si la parte superior de su cuerpo se encuentra alineada verticalmente, todo su peso se acumula en la cadera.

2. Sonría a la zona de la ingle. Permita que se afloje hasta que la sienta como si fuera un balde vacío.

3. Abra la ingle presionando hacia afuera con la parte superior de los muslos. Este movimiento inicia el giro en espiral en las piernas: de derecha a izquierda en la pierna izquierda y de izquierda a derecha en la pierna derecha.

4. Amplifique el giro en espiral de las rodillas presionándolas suavemente hacia abajo y hacia afuera.

5. El giro en espiral continúa descendiendo por la pantorrilla hacia los tobillos y los pies. Estos últimos giran en espiral hacia afuera.

6. La fuerza se transfiere uniformemente a los nueve puntos de los pies: el talón, la parte exterior del pie, la bola pequeña bajo el meñique, la bola grande bajo el dedo gordo y los cinco dedos.

Práctica con las rodillas

1. Asuma la postura del Arco y la Flecha con el pie izquierdo hacia atrás y el derecho adelante.

2. Sienta los nueve puntos y perciba el contacto de sus pies con el suelo. Puede apoyar el 50 por ciento de su peso en cada pie o hacer que la pierna frontal soporte el 70 por ciento y la posterior el 30 por ciento.

3. Adquiera consciencia de la rodilla. Presione los pies contra el suelo y gire ligeramente la rodilla izquierda en sentido contrario a las manecillas del reloj y la derecha hacia el

153

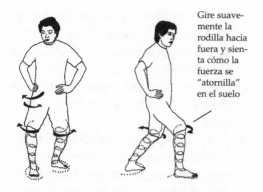

Gire suavemente la rodilla hacia fuera y sienta cómo la fuerza se "atornilla" en el suelo

lado opuesto. Relájese y sienta cómo fluye el Chi hacia arriba, desde el suelo hacia sus pies, rodillas y cadera. Repítalo varias veces e invierta la colocación de sus piernas.

Práctica con las rodillas en pareja

1. Póngase en pie con la rodilla vuelta hacia afuera y pida a un compañero que empuje la parte exterior de la misma, comenzando con una mano y posteriormente con ambas.

2. Para percibir cuánto se incrementa la fuerza con el giro de la rodilla, repita el ejercicio, pero esta vez trate de no girar la rodilla. Presione los pies contra el suelo tan fuerte como pueda y haga que su pareja empuje su rodilla. Observe la diferencia.

El giro en espiral multiplica la fuerza del avance

En los movimientos de avance del Tai Chi Chi Kung (que consisten en trasladar el peso hacia adelante), el giro en espiral de las piernas es muy importante. Entre dichos movimientos están la Guardia Exterior, la Presión y

el Empuje. Es necesario colocar el pie adecuadamente. La distancia entre el pie frontal y el posterior está determinada por la longitud de su paso cuando todo el peso de su cuerpo se apoya en la pierna posterior. Si intenta rebasar esta longitud, su postura será inestable. La distancia entre sus pies debe ser equivalente al ancho de sus hombros. Su pie posterior debe formar un ángulo de 45 grados con respecto al frontal.

Para iniciar el avance, debe apoyar todo su peso en la pierna posterior. Se considera que las piernas son uno de los tres arcos del cuerpo. Apoyarse en la pierna posterior equivale a tensar el arco. Sienta cómo acumula su fuerza como un caballo a punto de saltar un río o una cerca.

Inicie el movimiento de avance hundiendo la ingle y conectando el coxis con los pies. Haga girar en espiral ambos pies. Si el derecho es el delantero, el sentido del giro será de izquierda a derecha. Si el pie izquierdo se encuentra al frente, el sentido del giro será de derecha a izquierda. Continúe el giro mientras avanza. Dejar de girar en espiral es como sacar el aire de un neumático, pues se pierde la fuerza que se había generado. Cuando termine de avanzar su cadera debe quedar paralela al frente.

LA FORMA DEL ARRAIGO

En la forma del Arraigo se incorporan todos los principios y habilidades aprendidas en los ejercicios anteriores. Para evaluar sus habilidades de arraigo, pida a un compañero que examine su estructura en cada una de las posturas que se presentan en esta sección.

Movimientos iniciales

Postura Wu Chi
La postura Wu Chi es particularmente impor-

tante para establecer el arraigo en la práctica del Tai Chi. La "Nada" sólo se puede alcanzar mediante una unión adecuada con el Cielo y la Tierra, lo cual implica estar arraigados. Por tanto, es necesario revisar los siguientes puntos para determinar la efectividad de la postura Wu Chi en el arraigo.

* Los nueve puntos del pie están conectados adecuadamente con el suelo.
* Los pies están relajados y abiertos.
* Los músculos están relajados y los tendones activados.
* Las rodillas están ligeramente dobladas, abriendo las puertas energéticas para permitir la circulación de la Energía Terrestre.
* La ingle (kua o articulación de la cadera) está abierta.
* La pelvis apunta hacia el norte.
* Los músculos psoas están relajados.
* El sacro y el coxis están alineados con el suelo.
* La columna vertebral está recta.
* La barbilla está ligeramente retraída.

Un elemento adicional e igualmente importante para el arraigo adecuado de la estructura es la relajación mental. Sonría a todas las articulaciones que influyen en el arraigo: tobillos, rodillas y cadera. Este arraigo mental es necesario para que la energía de la tierra circule libremente en la postura. El arraigo o enraizamiento se verifica sintiendo una fresca y agradable unión con la Energía Terrestre de color azul.

Una vez que haya asumido esta postura, pida a su compañero que coloque una mano en su espalda y la otra en su cadera y que empuje. Si su estructura y su arraigo son correctos, la fuerza se transferirá al suelo.

Una estructura y un arraigo correctos
transfieren la energía hacia el suelo

Tai Chi inicial

El movimiento inicial del Tai Chi implica hacer descender el peso del cuerpo hacia la fuerza Terrestre. Esto incrementa la conexión con la fuerza enraizante de la gravedad. Cuando el cuerpo desciende, la mente debe relacionar ambos elementos percibiendo el incremento del tirón terrestre como si la tierra realmente tirara del peso hacia sí misma. La transición del peso entre una pierna y la otra nos da la oportunidad de sensibilizarnos al arraigo de ambas piernas.

Movimientos básicos: la Forma de la Mano Izquierda

TOMANDO LA COLA DEL PÁJARO
Primera Guardia Exterior:
Sosteniendo la bola de Chi

Cuando traslada el peso de su cuerpo a la pierna izquierda y extiende la derecha hacia adelante, la distancia de ésta desempeña una función muy importante para el arraigo de la forma. Debe colocar su pierna delantera con la ingle completamente abierta, relajarla hasta que alcance su máxima extensión y apoyar el talón cómodamente en el suelo. Imagine este movimiento como un compás de dibujo, con la pierna actuando como el lápiz. Una vez que ha abierto su ingle y que sus piernas formen el ángulo adecuado, prácticamente habrá un solo lugar correcto para colocar el talón. Si se realiza en forma adecuada, esto asegura que las siguientes acciones Yang mantengan una postura correctamente arraigada que absorba la Energía Terrestre de manera eficiente. Si la posición no fue seleccionada adecuadamente, la postura será demasiado amplia o demasiado corta y el arraigo será deficiente.

El arraigo en la Primera Guardia Exterior

Segunda Guardia Exterior:
Sosteniendo la bola de Chi

El arraigo es muy importante en las partes Yang de la Guardia Exterior. Los nueve puntos deben establecer el contacto correcto tanto en el pie frontal como en el posterior. Es necesario girar los tobillos en sentido opuesto a las rodillas para generar la necesaria activación de sus tendones. La rodilla izquierda ha de estar ligeramente torcida hacia la izquierda y la rodilla derecha lo estará hacia la derecha. Ambas deben volverse hacia afuera, movidas por la fuerza que se genera al abrir la ingle. Si empujamos el sacro hacia adelante y alineamos adecuadamente la cadera, nuestra estructura inferior estará correctamente arraigada y actuará como conducto de la Energía Terrestre hacia la parte superior del cuerpo para permitir que el movimiento en forma de onda dirija la acción Yang.

Es muy importante empujar el dedo meñique hacia adentro y el pulgar hacia afuera y sentir esta torsión en la muñeca y el codo. Asimismo, es necesario curvar los omóplatos para alinear correctamente los brazos y la columna

La sensibilización mental a la acción en espiral de la energía nos ayuda a arraigarnos adecuadamente en la tierra. Asimismo, es muy importante que la acción comience como un impulso con las plantas de los pies presionando contra el suelo, seguido de un empuje inmediato del talón del pie posterior. Esto crea el impulso que hace rebotar la Energía Terrestre hacia los tendones del cuerpo. Aunque ambos pies se usan para este propósito, el pie posterior funciona como la fuente principal de poder y el derecho actúa como la fuente de apoyo secundaria.

Retroceso

Durante el retroceso, los pies se encuentran inmóviles y firmemente unidos con la Tierra. Perciba cómo la energía asciende en

espiral por sus rodillas mientras la cadera y la cintura cargan la parte superior de su cuerpo. Esto hace girar los tendones y provoca que la Energía Terrestre gire en espiral. Use su mente para arraigarse durante este movimiento, a fin de percibir cómo se conecta la energía a la tierra por medio de las espirales de las piernas.

Presión con las dos manos

En la Presión con las Dos Manos se utilizan las mismas técnicas de arraigo descritas en la Segunda Guardia Exterior, pero la acción de los brazos es distinta.

Empuje con las dos manos

En el Empuje con las Dos Manos también se usan las mismas técnicas de arraigo

157

descritas en la Segunda guardia Exterior. La acción de los brazos es diferente para realizar el empuje.

Azote Sencillo: sur
Primer giro

Mantenga arraigada la pierna posterior durante la acción de torsión, de manera que perciba cómo se conecta la energía con la Tierra a través de las espirales de la pierna posterior. La rodilla de esta pierna dirige el camino, con el pie unido al suelo mientras la pierna absorbe la energía en preparación para el golpe.

Formación del pico (segundo giro)

Cuando transfiera su peso a la pierna derecha, conéctese a través de los nueve puntos del pie y clávese en la tierra mientras ocurre la misma acción hacia atrás.

Liberación del pico (tercer giro)

En este movimiento usted libera la fuerza de torsión almacenada en su pierna derecha. El pie izquierdo se desconecta al alzarse sobre las bolas de la planta, de manera que justo antes del golpe todo el poder almacenado se encuentra en la pierna derecha. Sienta el giro en espiral que parte del pie y se des-

Gire la muñeca y el codo como si fuera un tornillo   El hombro se hunde

El codo se hunde

plaza por toda la pierna. Abra la ingle derecha y sienta cómo asciende la fuerza en espiral por el tronco, el hombro y el brazo derecho. El pie derecho debe permanecer clavado con sus nueve puntos arraigados en la tierra, de manera que la energía se libere efectivamente a través del pico.

Llegando al Cielo

Una vez más, la distancia a la que se abre la pierna es particularmente importante para el arraigo de las acciones posteriores. La pierna debe estar recta, con la ingle abierta y el talón apoyado ligeramente en el suelo, en

una postura completamente extendida. Cuando apoye su pie hacia abajo y traslade su peso de la pierna izquierda a la derecha y viceversa, concéntrese especialmente en arraigarse mentalmente en el suelo mientras la acción Yang se eleva hacia el Cielo.

Empuje con una mano

El empuje con una mano, al igual que las acciones Yang anteriores, posee el mismo arraigo descrito en la Segunda Guardia Exterior. La única diferencia es la acción de los brazos al realizar el empuje.

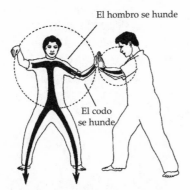

El hombro se hunde

El codo
se hunde

Movimientos de transición

Protección del pecho

La acción de Protección del Pecho, al igual que el Empuje con una Mano, tiene el mismo arraigo descrito en la Segunda Guardia Exterior. La única diferencia es la acción de los brazos al realizar la protección del pecho.

Sosteniendo al Bebé

Durante este movimiento, los nueve puntos del pie se clavan en la tierra para mantener el arraigo establecido en el empuje con una mano hacia el norte.

Movimientos finales

Manos cruzadas

Al dar el paso hacia atrás, es particularmente importante hacerlo con gracia, equilibrio y arraigo, como lo haría un felino. El movimiento de descenso, seguido de la lenta extensión de las rodillas, se realiza totalmente sin dejar de tener en mente la firme unión con la tierra.

Postura Hun Yuan

El arraigo para realizar la postura Hun Yuan es exactamente el mismo que se utiliza al inicio de la forma.

9

Transferencia del Chi
a través del cuerpo

TRASLADO DE LA FUERZA POR LA COLUMNA

El objetivo de la conexión con la Fuerza Terrestre por medio del arraigo es trasladar la energía de los pies hasta las manos. Si bien los pies y las piernas constituyen la base estructural, no basta con tener estructura sólo en la parte baja del cuerpo. La fuerza que desarrollamos en las piernas por medio de la práctica del arraigo tiende a atorarse en las partes curvas de la columna.

El remedio es enderezar las curvas de las tres secciones de la espalda: la región lumbar, la torácica y la cervical. De esta forma, la fuerza se desplazará suavemente por la columna erguida. Una columna recta es como un palo derecho. Si lo presionamos, se clavará en el suelo. Cuanto mayor sea el empuje, más profundamente se hundirá. Por otro lado, si empujamos con fuerza un palo que tenga una doblez o curva, se romperá.

Nosotros insistimos en enderezar la columna por medio de un trabajo ascendente a partir del coxis y el sacro hasta la parte superior de aquélla. El coxis y el sacro constituyen la parte más baja de la columna. Si el sacro se proyecta hacia afuera, todas las vértebras lumbares se cierran. Cuando se proyecta hacia abajo y se alinea con los pies, dichas vértebras se abren. El sacro se alinea para abrir las vértebras lumbares, con ello se inicia el proceso de alargamiento de la columna.

Las vértebras torácicas también están curvadas. El empuje hacia fuera de la vértebra T-11 sirve para enderezar dicha curva y alargar aún más la columna. Las vértebras T-5 y T-6 se unen con el resto de la columna al hundir el pecho. La curva del área cervical se endereza al empujar hacia atrás la vértebra C7 y el Cojín de Jade. De esta forma, los procesos de la columna se relajan y se abren. Cuando la fuerza llega a esa región, es transmitida por los omóplatos hasta los brazos y las manos.

ALINEACION DE LA COLUMNA

Práctica: el sacro

1. Pida a su compañero que empuje su hueso sacro con el puño.
2. Mueva el sacro hacia atrás y hacia adelante hasta que se sienta alineado. Coloque sus manos en la región lumbar.
3. Incline el sacro hacia abajo (adentro). Luego, empújelo hacia atrás, pero mantenga abierta la región lumbar. Si empuja demasiado hacia afuera, dicha región se cerrará.

Debe sentir que su región lumbar se expande como si fuera un globo. Cuando su sacro esté correctamente alineado, sentirá que sus pies presionan con más firmeza contra el suelo a medida que la fuerza del empuje se conecte a ellos.

Aprendemos a alinear nuestra estructura de tal forma que cualquier fuerza aplicada a la misma se transfiere al suelo sin hacernos perder el equilibrio

La vértebra T-11

La decimoprimera vértebra torácica (T-11) se conoce también como el Centro Su-

prarrenal, debido a su proximidad con dichas glándulas. Una buena forma de localizar esta vértebra es encontrar el punto medio entre la parte inferior del esternón y el ombligo. Este punto se conoce como plexo solar. Traslade su dedo hasta el punto opuesto al plexo solar. Ésa es la vértebra T-11. Si pone su mano sobre ella y se inclina hacia adelante, notará que sobresale más que ninguna de las vértebras circundantes.

Iniciando el empuje sobre la T-11

Pida a su compañero que ponga su puño en la T-11. Empuje hacia afuera de manera que la curva de la parte baja de su espalda se enderece, se llene y se expanda. Empuje con fuerza contra el puño de su compañero como si tratara de derribarlo. Sienta nuevamente la presión en sus pies mientras la fuerza es transferida al suelo.

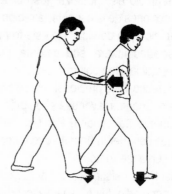

Inhalando hacia el punto T-11

La vértebra C-7

La vértebra C-7 es la séptima y la más baja de las vértebras cervicales. El nombre chino de ese hueso es Ta Chui y significa "vértebra grande". Es el hueso voluminoso que se encuentra en la base del cuello.

Pida a su compañero que empuje en la C-7 con la palma de su mano. La mejor manera de percibir la fuerza de la C-7 es simular un frenazo repentino: empuje los pies contra el suelo, enderece las piernas, coja con fuerza el volante, trabe los codos, retraiga el mentón y proyecte hacia afuera la vértebra C-7 y el Cojín de Jade. Ordinariamente no ejercitamos el cuello de esta forma, pero con la práctica logrará que esta reacción se vuelva automática. En una situación de traumatismo podría salvarle el cuello.

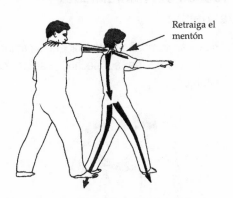

Retraiga el mentón

Empujando en C-7 y T-2 con la palma de la mano

El Cojín de Jade

Pida a su compañero que coloque la palma de su mano sobre el Cojín de Jade. Debe cuidar de no ejercer demasiada presión en ese punto. Pídale que oponga una resistencia muy ligera. Empuje hacia atrás, generando fuerza en el Cojín de Jade al retraer el

mentón mientras eleva simultáneamente la coronilla.

Empuje en la base del cráneo

Práctica individual para alinear la columna: en pie

1. Si no tiene un compañero, puede usar una pared. Póngase en pie con los pies paralelos y separados a una distancia equivalente al ancho de sus hombros. Haga que su columna toque la pared. Relaje el sacro.

2. Presione los pies contra el suelo. Gire la rodilla, alinee la cadera y presione el sacro contra la pared. Mantenga esa postura durante unos momentos y relájese. Sienta cómo fluye el Chi hacia el sacro.

3. Presione la vértebra T-11 contra la pared. Mantenga esa postura durante unos instan-

tes y relájese. Sienta cómo fluye el Chi hacia el sacro y la vértebra T-11.

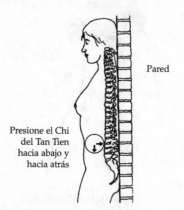

Pared

Presione el Chi del Tan Tien hacia abajo y hacia atrás

4. Hunda el esternón, retraiga el mentón, curve los omóplatos y coloque la vértebra C-7 cerca de la pared. Mantenga esa postura durante unos instantes y relájese. Sienta cómo fluye el Chi por el sacro y las vértebras T-11 y C-7.

Ejercicio en el suelo para alinear la columna

1. Acuéstese boca arriba en el suelo. Perciba el contacto de su columna con el suelo. Levante las rodillas y sienta cómo sus pies tocan el suelo.
2. Presione los pies contra el suelo y sienta cómo mueven al sacro, la columna y la cabeza. Repítalo varias veces y observe cómo los pies mueven a todo el cuerpo. Relájese y sienta el flujo del Chi.
3. Ahora presione los pies contra el suelo. Empuje el sacro y la vértebra T-11 hacia abajo. Sienta el contacto de esos huesos con la tierra y perciba su alineación. Extienda los brazos, hunda el pecho, retraiga el mentón y sienta el contacto del punto

C-7 con el suelo. Relájese y sienta el flujo del Chi.

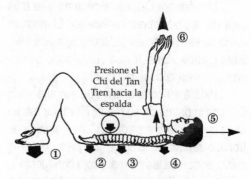

Presione el Chi del Tan Tien hacia la espalda

1. Presione los pies. 2. Empuje el sacro hacia el suelo.
3. Empuje la vértebra T-11 hacia el suelo.
4. Presione la vértebra C-7 contra el suelo.
5. Su cabeza se extenderá automáticamente hacia arriba debido al estiramiento de la columna.
6. Sus brazos, que se extendieron al curvar los omóplatos, se conectan con la fuerza generada en la columna

Práctica del hundimiento del pecho

1. Pida a su compañero que coloque su mano en el centro de su pecho y sobre el esternón.

Hundimiento del pecho

2. Expanda el pecho en forma exagerada.
3. Pida a su compañero que empuje su esternón de manera gradual. No permita que su espalda se mueva. Exhale, contrai-

ga el pecho y curve los omóplatos y la espalda. Transfiera la fuerza hacia el suelo por la parte frontal de su cuerpo. Sienta cómo los nueve puntos de sus pies presionan con mayor firmeza contra el suelo.

Hunda el pecho y alinee la estructura ósea de su columna, pelvis y piernas para transferir la fuerza hacia el suelo

El hundimiento del pecho es una parte importante del arraigo y resulta muy útil cuando alguien nos empuja. Dicha persona esperará hacernos retroceder, pero si estamos arraigados, podremos responder de inmediato con otra técnica.

El hundimiento del esternón obliga al aire a entrar en la parte posterior de los pulmones. Esto hace que la energía se dirija automáticamente hacia el abdomen; de esta forma respiramos más hacia el Tan Tien inferior y arrastramos hacia abajo toda la tensión.

La médula espinal es como una locomotora o como el eje trasero de un coche. La cadera es como la tracción de las ruedas posteriores, mientras que los omóplatos representan la tracción de las anteriores. Si las une, obtendrá una doble tracción. Intégrelas y será capaz de transmitir la fuerza. Esto se llama cerrar la estructura. Cuando ésta se encuentra bien, es posible absorber una gran cantidad de fuerza y descargar una cantidad equivalente.

La cadera transfiere el peso hacia el suelo. Asimismo, la Fuerza Terrestre asciende por los pies y las piernas hacia la cadera, pasa por la columna y se transfiere a las manos a través de los omóplatos. De manera alternativa, la fuerza puede transferirse de las manos hacia la parte inferior de la estructura, a los pies y finalmente al suelo.

LAS UNIONES DE LOS OMOPLATOS Y LOS CODOS

La unión de los omóplatos

La parte que llamamos hombro en realidad se compone de tres huesos: el omóplato, la clavícula y el húmero. Los hombros están diseñados para moverse libremente, por lo que la única parte de ellos que está unida hueso

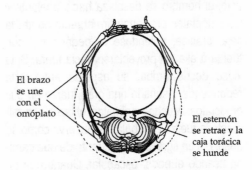

El brazo se une con el omóplato

El esternón se retrae y la caja torácica se hunde

Omóplatos curvados correctamente

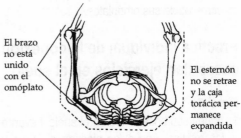

El brazo no está unido con el omóplato

El esternón no se retrae y la caja torácica permanece expandida

Omóplatos curvados incorrectamente

Desde la columna y a través de la espalda, los hombros, los brazos y los dedos, todos los tendones, músculos y ligamentos, están completamente extendidos.

165

con hueso a la caja torácica es el punto de contacto entre la clavícula y la parte superior del esternón. Los omóplatos mismos flotan sobre el tórax en la espalda y están unidos sólo a la clavícula y al húmero. Esto proporciona una ventajosa flexibilidad e incrementa la amplitud de movimientos de la articulación. Su desventaja es que, dado que dicha estructura articular es tan flexible y libre, puede convertirse fácilmente en un punto en el que la integridad estructural se quebranta o desaparece.

El Tai Chi nos exige ser capaces de dirigir y conectar la fuerza que generamos en las piernas y caderas y hacerla ascender por la columna para descargarla a través de los brazos. Para lograr este objetivo, es necesario curvar los omóplatos. Esto último implica hundir el pecho, retraer la barbilla, tirar hacia atrás de la vértebra C-7 y el Cojín de Jade y separar los omóplatos tanto como sea posible. Al hacer esto, el hombro se desplaza hacia adelante y los omóplatos presionan firmemente contra la caja torácica, uniéndose o "pegándose" con fuerza a ella sin proyectarse hacia fuera. Si la viese desde arriba, su espalda aparecería redondeada y sentiría una gran fuerza en sus omóplatos. Muchos animales utilizan naturalmente la fuerza escapular. Si observa cómo se desplaza un tigre, se dará cuenta de que camina usando el poder escapular. Cuando da un zarpazo, su increíble energía proviene del movimiento de sus omóplatos.

Práctica individual de la conexión escapular: ejercicios en el suelo

Ejercicio 1

1. Acuéstese boca arriba en el suelo. Levante las rodillas. Apoye los pies en el suelo y sepárelos a una distancia equivalente al ancho de sus hombros.

2. Levante los brazos hasta que queden perpendiculares al suelo y apuntando hacia el techo. Manténgalos rectos y trabe los codos (nunca haga esto en la forma real del Tai Chi).
3. Sienta el contacto de sus omóplatos contra el suelo.
4. Levante los omóplatos tanto como le sea posible sin doblar los brazos. Observe cómo sus manos se elevan unos centímetros hacia el techo al hacer este movimiento.

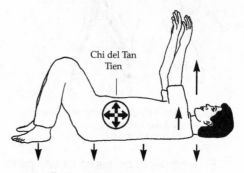

Chi del Tan Tien

Presione la bola de Chi contra el suelo

5. Baje los omóplatos hasta que toquen el suelo. Mantenga los bazos estirados y apuntando hacia arriba.

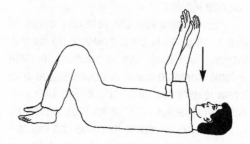

6. Repita varias veces los pasos 4 y 5. Experimente realizando el ejercicio lenta y rápidamente, pero sin tensarse en exceso.
7. Al terminar, baje los brazos hacia sus costados. Descanse y perciba el flujo del Chi.

Ejercicio 2

1. Acuéstese boca arriba en el suelo. Levante las rodillas. Apoye los pies en el suelo y sepárelos a una distancia equivalente al ancho de sus hombros.
2. Levante los brazos hasta que queden perpendiculares al suelo y apuntando hacia el techo. Manténgalos rectos y trabe los codos (nunca haga esto en la forma real del Tai Chi).
3. Sienta el contacto de sus omóplatos contra el suelo.
4. Empuje el sacro hacia adelante. Perciba el contacto de sus pies con el suelo.
5. Perciba la unión de los pies, las piernas y el sacro como si fuera una oleada de fuerza. Sienta cómo asciende la unión/oleada hasta la T-11 y la C-7. Retraiga la barbilla.
6. Hunda el esternón mientras eleva los omóplatos como lo hizo en el ejercicio 1. Sienta la conexión desde los pies hasta las manos.
7. Baje los omóplatos y relaje el sacro y el resto de su cuerpo, pero mantenga los brazos elevados.
8. Repita varias veces los pasos 4 a 7. En cada uno de ellos, sienta cómo se desplaza la fuerza en forma de onda desde el sacro hasta los pies y de ahí hacia los brazos.
9. Haga descender sus brazos hacia los costados. Descanse y sienta el flujo del Chi.

La conexión del codo

Cuando sea capaz de conectar el hombro con la columna y de mantener alineados todos los puntos antes mencionados, podrá trasladar la energía desde el suelo hasta los brazos. Sin embargo, dicha fuerza nunca llegará a sus manos a menos que posea la conexión de los codos.

En los Clásicos del Tai Chi, los antiguos maestros nos enseñan a hundir los hombros y los codos. Esto significa que en la mayoría de las posturas y movimientos, los codos deben apuntar hacia el suelo.

Para percibir mejor esto, pida a alguien que sostenga su brazo tomándole de la muñeca. Deje que su extremidad se relaje completamente. En esa postura relajada, sus codos apuntarán automáticamente hacia el suelo. No estará usando ninguna energía extra para mantener la postura, por lo que podrá dirigir toda su fuerza de manera eficiente hacia las manos.

Otro punto estructural importante es mantener los codos lo suficientemente rectos en una postura de descarga de energía, aunque sin trabarlos. Como mínimo, el brazo y el antebrazo deben formar siempre un ángulo de más de 90 grados. Como máximo, el codo puede formar un ángulo cercano a los 180 grados, pero la articulación nunca debe trabarse para mantenerla tensa.

Práctica: transferencia de la fuerza del suelo

1. Comience en una postura en la que su peso se apoye en la parte trasera y ponga sus brazos en la postura de Empuje. Inhale mientras traslada su peso hacia atrás.

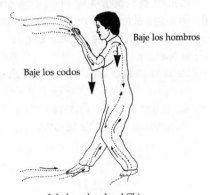

Baje los hombros

Baje los codos

Inhale y absorba el Chi

167

2. Exhale y avance hasta encontrarse cerca del final del empuje.

3. Enderece la columna de abajo hacia arriba mientras su rodilla se coloca al nivel de su pie.

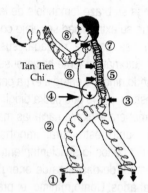

1. Presione el Tan Tien hacia el suelo y perciba cómo sus dedos gordos giran ligeramente hacia afuera. 2. Gire las rodillas ligeramente en espiral hacia afuera. 3. Empuje el sacro hacia adelante. 4. Abra la ingle estirando el músculo psoas. 5. Curve la parte baja de su espalda y empuje la vértebra T-11 hacia atrás. 6. Hunda el pecho y empuje la vértebra T-5 hacia atrás. 7. Curve los omóplatos. 8. Retraiga la barbilla y levante la coronilla

4. Empuje el sacro hacia adelante. Perciba la unión de su región lumbar con la Tierra.

5. Empuje hacia fuera la vértebra T-11.

6. Hunda el pecho. Empuje las vértebras T-5 y T-6 hacia fuera.

7. Curve los omóplatos. Extienda los ligamentos del codo, la muñeca y los dedos.

8. Retraiga el mentón y levante la coronilla.

9. Sienta cómo ondea y cómo luego se libera la energía.

10. Haga lo anterior en forma muy relajada, sin forzarse. Practique este ejercicio de 30 a 40 veces diarias. Ensaye hasta que el movimiento se vuelva natural.

Un principio de empuje: la dirección del mentón

La dirección de la barbilla o mentón depende del sentido hacia el cual empuja. Si lo hace hacia el frente, enderece la región cervical de la columna y levante la coronilla como se describe líneas arriba. Si empuja hacia la izquierda, gire la barbilla ligeramente hacia la izquierda, pero sin excederse. Cuando empuje hacia la derecha, dirija la barbilla un poco hacia la izquierda. Cuando empuje la fuerza hacia abajo, levante ligeramente la barbilla. Este es un movimiento interno muy sutil.

RESUMEN

Ahora puede aplicar los principios que ha aprendido en estos ejercicios a cada uno de los movimientos del Tai Chi Chi Kung. Asegúrese de que todo su cuerpo esté conectado desde el principio hasta el final de la forma. No hay ningún movimiento en el que las manos y brazos se muevan sin que el resto del cuerpo haya iniciado también el movimiento. Habrá dominado esta fase cuando en cada movimiento, "el poder se arraigue en los pies, se desarrolle en las piernas, lo dirija la cadera [y el sacro], ascienda por la columna y se exprese a través de las manos".

10

Activación de los tendones

¿POR QUE LOS TENDONES?

Los practicantes del Tai Chi aspiran a ser como "acero envuelto en algodón". Esta frase describe un estado en el que los músculos están relajados y son tan suaves como el algodón. Debajo de ellos se encuentran unos tendones, unos ligamentos y unos huesos extremadamente fuertes. Para adquirir la calidad de "acero envuelto en algodón", es muy importante dominar la Forma de la Activación de los Tendones, que implica el "Cambio" de los mismos.

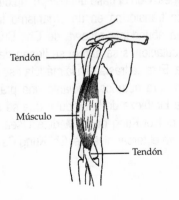

Los tendones unen a los músculos con los huesos. La mayoría de ellos se componen de tejido conjuntivo denso (colágeno). Este tejido, de color blanco plateado, también forma los ligamentos (que unen a los huesos entre sí), la fascia profunda (compuesta de capas de tejido conjuntivo que envuelven a los músculos y los mantienen en su sitio) y las cápsulas membranosas que envuelven los riñones, el corazón, los testículos, el hígado y los nodos linfáticos. El tejido conjuntivo es extremadamente fuerte y flexible. Los pulmones, las cuerdas vocales y los ligamentos intervertebrales están formados por un tejido conjuntivo más elástico.

En investigaciones médicas recientes se ha descubierto la función que estos tejidos cumplen en el trabajo de carga del peso corporal. De hecho, los tendones y los ligamentos realizan esa actividad con mayor eficiencia que los músculos. Es evidente que la experiencia práctica en las artes marciales reveló este hecho a los chinos hace mucho tiempo. Por esa razón, en dicha cultura se hace énfasis en el entrenamiento de los tendones y no en el desarrollo de los enormes y voluminosos músculos que en la cultura occidental son actualmente signos de una buena condición física.

Para conservar los músculos es necesario consumir grandes cantidades de alimento, particularmente proteínas. El ejercicio para aumentar el volumen muscular debe ser extremadamente vigoroso. Ese tipo de actividad tiende a consumir el Chi en lugar de incrementarlo. El exagerado énfasis en el desarrollo de los músculos conduce a la pérdida de movilidad. Los deportistas muy musculosos son notablemente inflexibles.

Los músculos se deterioran necesariamente con la edad, con lo que se desperdicia una gran parte del esfuerzo invertido en desarrollarlos. Por el contrario, los tendones, si se entrenan adecuadamente, mantienen su fuerza y su flexibilidad. Además, su elasticidad les permite almacenar poder (Jing) al torcerse. Si mantenemos la elasticidad y flexibilidad de nuestros tendones, evitaremos la rigidez que usualmente sobreviene con la edad avanzada.

En el Tai Chi Chi Kung se usa la estructura, coordinada mediante el movimiento de los tendones, para lograr un tremendo poder con un mínimo esfuerzo. Es fácil demostrar la efectividad del uso de todo el cuerpo para empujar a alguien. Si intentáramos empujar a una persona usando un solo dedo, nos esforzaríamos mucho y lograríamos muy poco. Si doblamos la muñeca para incorporar el resto de la mano, descubriremos que podemos ejercer más presión con menos esfuerzo. Si añadimos la fuerza de todo el brazo, incrementaremos nuestro poder en una proporción geométrica.

En la Forma de la Activación de los Tendones, éstos, al igual que los ligamentos, se utilizan para transmitir una fuerza en forma de onda. El empuje surge en el suelo y pasa por los pies, las piernas, la columna y los brazos. La fuerza se multiplica al transitar por el cuerpo. Con tanta energía concentrada en un área tan pequeña (en este caso, la punta de un dedo), es posible infligir un daño real.

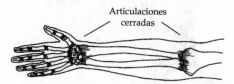

1. Al almacenar la energía antes de la descarga, los tendones y ligamentos se contraen y cierran las articulaciones

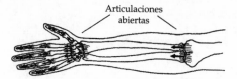

2. Al descargar la energía, los tendones y ligamentos se extienden y abren las articulaciones. Cuando esto sucede, éstas se llenan de Chi, que también sirve como amortiguador

Tradicionalmente, el entrenamiento y el fortalecimiento de los tendones se conoce como Cambio de los Tendones. En el sistema del Tao Curativo, la práctica completa de dicho Cambio se enseña en el Chi Kung Camisa de Hierro II. El Cambio de los Tendones no implica su reemplazo físico, sino hacerlos fuertes y flexibles. Este entrenamiento influye en el sistema físico completo y en especial en las articulaciones. Con el paso del tiempo, un cuerpo débil se transforma en un organismo fuerte con una abundante reserva de Chi. Cuando las articulaciones se abren, se llenan de esa energía. Ésta se traslada a la médula ósea y al cerebro para nutrirlos mediante una práctica llamada Limpieza de la Médula, que se estudia en el Nei Kung de la Médula Osea, que constituye el tercer nivel del Chi Kung Camisa de Hierro.

Estilo Mente-Ojo-Corazón

El estilo Mente-Ojo-Corazón es el enfoque más poderoso del Cambio de los Tendones. De acuerdo con el antiguo adagio, "El I (pronunciar como la letra "i" latina) dirige y el Chi lo sigue. El Chi dirige y el cuerpo lo sigue". El I es la combinación de la mente, los sentidos, el corazón y los órganos. En la forma del Tai Chi Chi Kung, la mente-ojo-corazón se usa para dirigir al Chi y mover el cuerpo.

El corazón controla a los tendones. Si calma su mente y se relaja completamente, podrá sentir el bombeo de su sangre en las arterias cada vez que su corazón se contrae. En la práctica de Activación de los Tendones, el movimiento de éstos últimos se ajusta al ritmo cardiaco.

El movimiento expansivo de los tendones se intensifica por medio de la mente y los ojos. Recientemente se ha comenzado a estudiar el potencial del poder mental para influir en los procesos corporales. Ciertos pacientes que no reaccionaban ante las terapias médicas comunes se curaron al visualizar la sanación de sus partes enfermas. Las meditaciones del sistema del Tao Curativo proporcionan experiencia en el traslado de la energía en la posición sentada. Esta experiencia facilita su aplicación en un contexto dinámico como el Tai Chi Chi Kung.

Los ojos ayudan a dirigir y concentrar la atención. Además, están unidos a numerosos tendones. Al estirar los tendones que los rodean, activamos los tendones de todo el cuerpo.

EJERCICIOS PARA LOS TENDONES

Acción de todos los tendones

1. Comience en la postura de descenso y coloque sus manos en la posición de empuje.

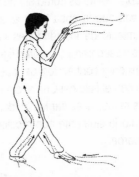

Inhale: sienta cómo sus tendones absorben el Chi

2. Avance lentamente hasta que se encuentre casi totalmente hacia adelante.
3. Escuche a su corazón. Sienta cómo fluye la sangre hacia sus extremidades.
4. Abra bien los ojos y concentre su mente mientras percibe el pulso sanguíneo hacia el exterior. La onda de expansión viaja de manera similar a la descrita en la forma de

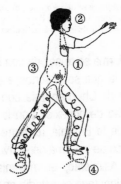

1. Escuche a su corazón. 2. Abra bien los ojos y concentre su mente. 3. Dirija el Chi del Tan Tien hacia la tierra. 4. Sienta cómo se extiende la Energía Terrestre por todo su cuerpo. Abra todas sus articulaciones y perciba cómo sus tendones se estiran como si fueran de goma.

171

la Transferencia del Chi. El movimiento parte del Tan Tien y se traslada hacia el suelo.

5. La onda se traslada desde el suelo hacia los pies, las piernas, la columna, los brazos y las manos. Lo más importante es adquirir consciencia de los tendones y ligamentos y percibir su conexión con la mente, el ojo y el corazón. Siéntalos como si fueran de goma.

6. Una vez que la onda llega a las manos, el estiramiento de los tendones hace que los dedos se separen y se estiren ligeramente. La expansión y contracción del cuerpo se relaciona con el flujo del Chi, el cual se expande en las manos al estirar los tendones.

7. Durante la siguiente contracción, el Chi se reabsorbe.

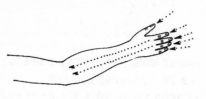

Primero absorba el Chi

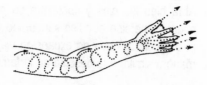

Cuando los tendones se tuercen y se estiran, los dedos se abren y se extienden. La práctica del estiramiento del dedo índice contribuye a abrir toda la articulación del brazo

Esta forma se relaciona con la forma Yin y Yang, en la que se describe el proceso de intercambio de Chi o energía con el entorno. La capacidad de conexión con la tierra y de absorción de la Energía Terrestre es un elemento básico de la forma de Activación de los Tendones. Asimismo, el movimiento de la médula espinal (que se estudia en la forma de la Transferencia de Chi) ejercita los tendones flexibles de la columna para formar la "onda"

en la que viaja el Chi. En la siguiente forma, llamada del Tan Tien, se combina la esencia de todos los órganos para formar una perla de energía cuyo movimiento dirige la actividad del resto del cuerpo.

ACTIVACION DE LOS TENDONES EN EL TAI CHI CHI KUNG
Movimientos introductorios

Postura Wu Chi

La parte más importante de esta postura, además de la alineación adecuada de la estructura para facilitar la acción de los tendones, es la coordinación del pulso del Chi, que fluye a través de éstos últimos, con la respiración y el ritmo cardiaco. Es posible sentir inicialmente el pulso en las palmas, el entrecejo, la coronilla, el perineo y las plantas de los pies. Sin embargo, después de esta sensibilización inicial ante el ritmo del pulso, es necesario concentrar la atención en las articulaciones de las muñecas, los codos, la cadera, las rodillas y los tobillos, para sentir la apertura de estos puntos de activación.

La respiración rítmica, combinada con la

Postura Wu Chi. Perciba el pulso en el corazón, en las palmas de las manos, en las plantas de los pies, en el entrecejo, en la coronilla y en el perineo. Sienta cómo se abren y se expanden todas sus articulaciones.

sonrisa al cuerpo y la concentración mental en la apertura de las articulaciones, relaja al practicante y prepara a los tendones para guiar la energía Chi asimilada durante la práctica.

Tai Chi inicial

Es necesario insistir una vez más en la importancia de apoyar el peso corporal en los tendones y no en los músculos. La mejor indicación de que los tendones están siendo utilizados apropiadamente es la ausencia de fatiga muscular. Al principio, es posible que los tendones duelan por falta de uso previo. Sin embargo, después de un corto periodo, su flexibilidad y su fuerza mejoran en gran medida al utilizarlos en todos los movimientos del Tai Chi.

Movimientos básicos

Tomando la Cola del Pájaro: norte

La mayoría de las áreas de atención en esta parte de la forma se explican en la descripción de las formas Yin y Yang del Arraigo. Sin embargo, ahora debe concentrarse en el grado de rotación de los tendones y en la eficiencia de la recuperación y transferencia de energía de los tendones hacia el cuerpo durante la fase de liberación Yang.

Primera Guardia Exterior: Sosteniendo la Bola de Chi

Ponga mucha atención a los tendones de la cadera, la rodilla y el tobillo de la pierna de soporte cuando transfiera a ella el peso de su cuerpo. Permita que sus músculos se relajen mientras los tendones dirigen el peso hacia el suelo.

Segunda Guardia Exterior: Sosteniendo la bola de Chi

Durante la primera acción exterior, concéntrese en el movimiento de resorte de los tendones que dirigen la energía Terrestre por las piernas, el cuerpo, la columna, los omóplatos y los brazos. Los puntos específicos de acción de los tendones son los tobillos, las rodillas, la cadera, los hombros, los codos y las muñecas. Al mejorar su concentración, podrá incorporar las articulaciones de los dedos de las manos y de los pies, así como la clavícula.

Retroceso

En esta parte, la acción de los tendones tiene lugar en la rodilla, la cual dirige la acción de la cadera. Esta última soporta a toda la parte superior del cuerpo como una unidad. Cuando la rodilla se mueve, los pies permane-

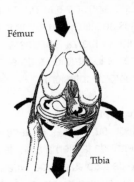

Giro en espiral de la articulación de la rodilla

cen en su posición y los tendones se envuelven desde el tobillo hasta la rodilla. Es necesario sentir y maximizar esta acción durante la práctica. Perciba el efecto de torsión adicional al mover la rodilla adelante de la cadera, enrollando los tendones alrededor del fémur (el hueso del muslo).

Después, con la ingle abierta, la cadera comienza a moverse creando un movimiento de torsión de los tendones, que corre hacia arriba por el costado del cuerpo. Finalmente, al encontrarse en su máxima extensión, la parte superior del cuerpo continúa el giro hasta que el ombligo forma un ángulo de 90 grados (hacia el oeste).

Presión con las dos manos

Las mismas consideraciones descritas en la Segunda Guardia Exterior se aplican a la Presión a Dos Manos.

Empuje con las dos manos

Al igual que en la Presión con dos manos, las consideraciones descritas en la Segunda Guardia Exterior se aplican también al Empuje con dos manos.

Azote Sencillo: sur

El Azote Sencillo implica la Triple Torsión. Esto significa que en su aplicación, los tendones se utilizan en forma intensiva. En esta postura, la fuerza se genera al envolver los tendones a lo largo de todo el cuerpo (en un movimiento de rotación).

Giro sobre el propio eje

Traslade su peso a los tendones de la parte posterior de la pierna a fin de apoyar en ella el peso de todo su cuerpo. Nuevamente, al igual que en el movimiento de Retroceso, la rodilla que hace girar al cuerpo dirige el movimiento mientras envuelve el tendón alrededor de la parte baja de la pierna, partiendo del tobillo. El tendón del fémur se envuelve cuando ha alcanzado su máxima extensión rotacional.

Formación del Pico

La cadera se desplaza para crear un movimiento de torsión en el costado derecho del cuerpo, donde la parte superior del mismo

da un giro completo hacia la derecha. En esta postura, el peso se transfiere a la pierna opuesta. Esto exige que la transición de un conjunto de tendones al otro se realice suavemente, de manera que el movimiento sea lento y gracioso. La acción de torsión de las piernas durante la formación del pico es idéntica, pero se realiza en la dirección opuesta. Sin embargo, los brazos y la muñeca curvada del pico incorporan la contracción de los tendones de la parte superior del cuerpo, la cual se inicia en los hombros y se traslada a los codos, muñecas y dedos de la mano que forma el pico.

Al girar, transfiera su peso a los tendones de la parte posterior de las piernas

Liberación del Pico

Esta parte de la práctica nos permite probar los frutos de los tendones reciente-

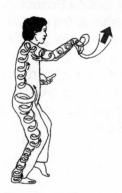

El poder de los tendones se libera al girar

mente fortalecidos y del cuerpo totalmente embobinado y convertido en un arma efectiva. Cuando la acción es lenta, la atención a la liberación y extensión de los tendones le hará tomar consciencia del poder contenido en la liberación del pico.

Alcanzando el cielo

En esta parte, asegúrese de no precipitar el movimiento de los tendones de ambas piernas y de que la acción Yang iniciada en la Liberación del pico se traslade, a través de los tendones, al siguiente movimiento del Empuje con una Mano.

Empuje con una mano

Las funciones de los tendones en esta fase son idénticas a las de la Segunda Guardia Exterior.

Transición hacia una nueva dirección

Sosteniendo al bebé

Cuando sostenemos a un bebé –lo cual se realiza más eficientemente si utilizamos los tendones de brazos y piernas–, debemos actuar con gracia y suavidad. Lo mismo ha de conseguirse en esta parte de la práctica, logrando que los tendones sean poderosos pero delicados.

Forma de la Mano Derecha

Las acciones de los tendones en la Forma de la Mano Derecha son idénticas a las descritas en las páginas anteriores, con la excepción de que se ejecutan con los miembros opuestos. En el Tai Chi, todos los tendones deben ejercitarse de igual forma para lograr el Cambio, a fin de que los más débiles se equiparen con los más fuertes.

Movimientos finales

Al finalizar la forma del Tai Chi, es necesario recoger la energía en los tendones y dirigirla en una circulación que recolecte los residuos atrapados en ciertas áreas. Posteriormente, esta energía se impulsa a través de los tendones y la Orbita Microcósmica para almacenarla en el ombligo durante el último giro en espiral de la postura Hun Yuan.

11

La forma del Tan Tien

Todos los movimientos del Tai Chi se originan en el Tan Tien. Esta importante zona se encarga del control y el equilibrio, dos elementos clave para la ejecución adecuada del Tai Chi. Además, el Chi que se genera al practicarlo se almacena en el Tan Tien. Así, dicha energía conforma una reserva que podemos incrementar en cada sesión de Tai Chi.

Si bien el Tan Tien es la fuente y el recipiente del poder del Chi, la mente es como un general que le da órdenes para dirigirlo. El Tan Tien es como el campamento militar que envía las tropas. Para tener éxito en la Forma del Tan Tien, es necesario fortalecer y concentrar la mente y llenar esa parte con presión Chi.

La meditación aumenta la capacidad de la mente para concentrarse y trasladar el Chi. La meditación de la Orbita Microcósmica, la Camisa de Hierro, el Amor Curativo y el Tai Chi son disciplinas que tienen que ver con la generación, el almacenamiento y la circulación del Chi. Es indispensable recoger la energía en el Tan Tien al finalizar estas prácticas, pues de esta forma podremos disponer de esa energía más adelante. Si no lo hacemos, el Chi se disipará y no podremos usarlo. El almacenamiento del Chi se realiza mediante un movimiento en espiral en la zona del ombligo durante la postura final Hun Yuan.

Generalmente llamamos Tan Tien al área abdominal inferior, pero en realidad hay tres Tan Tien: el Tan Tien inferior, el medio (corazón) y el superior (entrecejo). De los tres que se utilizan en la alquimia interna taoísta, el Tan Tien más importante en el Tai Chi Chi Kung es el inferior. Éste (al que en lo sucesivo llamaremos simplemente "Tan Tien") se encuentra en el abdomen, aproximadamente tres dedos por debajo del ombligo y hacia el centro del cuerpo. La ubicación precisa varía de una persona a otra y depende del tipo de cuerpo que se posea. El Tan Tien guarda nuestro Chi Original, generado por el óvulo y el espermatozoide de nuestros padres, de los que se deriva todo nuestro organismo.

Las prácticas taoístas hacen énfasis en el desarrollo y la circulación del Chi. El Tan Tien se conoce también como el Océano de

Chi. Según la teoría médica china, una vez que el océano está lleno, se desborda en los ocho meridianos extraordinarios. Cuando éstos se llenan, el Chi fluye hacia los doce meridianos ordinarios, cada uno de los cuales se asocia con un órgano particular. Esto convierte al Tan Tien en la base de todo el sistema energético.

La forma del Tan Tien fortalece la mente y las fascias, lo que permite al practicante extraer energía de un área y dirigirla a otra en forma rápida y efectiva. Esta habilidad es particularmente útil en otras prácticas taoístas como la del Amor Curativo, en la que la energía puede presionar fuertemente hacia una dirección no deseada (fuera del cuerpo).

Otra de las formas en las que la energía puede escaparse del organismo es durante la micción. La práctica del Tan Tien nos permite formar una bola de Chi y alejarla del área de la vejiga durante la expulsión de la orina, lo cual reduce en gran medida la pérdida indiscriminada de energía.

El Tan Tien se usaba como "laboratorio" para el trabajo de Alquimia Interna debido a su capacidad para manejar grandes cantidades de Chi. La palabra china Tan significa "elixir" (literalmente, cinabrio, que es un mineral que se utilizaba en la Alquimia Exterior como base para el elixir de la inmortalidad, pues se consideraba que tenía el equilibrio perfecto de Yin y Yang) y Tien significa "campo o lugar". El elixir, también conocido como "la perla", se formaba en el Tan Tien combinando las energías de todos los sistemas corporales, incluidos los órganos, las glándulas y los sentidos. En la meditación de la Fusión de los Cinco elementos se dan instrucciones precisas para formar dicha perla.

EJERCICIOS PRELIMINARES DEL TAN TIEN

Respiración del Tan Tien

1. Póngase en pie, en la postura del Caballo, con los brazos curvados y las palmas apuntando hacia el Tan Tien.
2. Sea consciente de las plantas de sus pies y de las palmas de sus manos. Dispare energía a su ombligo a través de las palmas, como si éstas fuesen dos rayos láser.

3. Sienta cómo el Tan Tien comienza a expandirse. Haga que sus manos se alejen de su cuerpo a medida que el Tan Tien se dilata.
4. Tire hacia adentro la parte baja del abdomen y condense la energía en el Tan Tien. Acerque las manos a su cuerpo al tiempo que contrae el ombligo.
5. Sienta como si tuviese una bola de Chi en el vientre. Perciba cómo se expande al inhalar y cómo se contrae y se condensa cuando exhala.
6. Realice este ejercicio de inhalación/expansión y exhalación/condensación de 20 a 30 veces, hasta que sienta que la bola de Chi adquiere suficiente realidad.

Expansión de la bola de Chi

Hundimiento de la bola de Chi

Cómo dirigir sus movimientos desde el Tan Tien

1. Dé un paso hacia adelante con el pie derecho para asumir la postura del Arco y la Flecha. Mantenga su peso apoyado en la pierna izquierda.
2. Traslade su peso hacia adelante presionando su pie izquierdo contra el suelo. Sienta cómo la fuerza del suelo asciende y expande la bola de Chi.

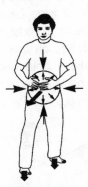

Empujando hacia adelante la bola de Chi

3. Traslade su peso nuevamente hacia el pie izquierdo. Sienta cómo la bola de Chi dirige el movimiento al contraerse.

4. Gire hacia la izquierda, dirigiendo el movimiento con la rotación de la bola de Chi en el Tan Tien.

Giro de la bola de Chi

Debe ser capaz de sentir que la bola de Chi inicia y dirige todos sus movimientos, sean éstos hacia adelante, hacia atrás, a la derecha o a la izquierda, en diagonal hacia arriba o hacia abajo.

179

TRABAJO CON EL TAN TIEN EN EL TAI CHI CHI KUNG

Movimientos introductorios

Postura Wu Chi

En esta parte de la práctica, creará una bola de Chi en el Tan Tien, la cual se trasladará a otras partes durante la forma. La sonrisa es un elemento auxiliar muy importante para crearla. Al igual que en el proceso de generación de la perla en la meditación de la Fusión, las glándulas y los órganos deben relajarse y liberar su energía de manera que la mente pueda dirigirla hacia el Tan Tien, donde puede usarse como una poderosa fuerza para sanación e intercambio energético con el entorno.

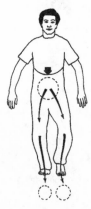

Divida la bola de Chi y empújela hacia sus piernas.
Esto hará que se sienta arraigado.

Para crear un área en la que pueda almacenar la energía que se libera cuando se relaja, haga descender el diafragma torácico ejerciendo una presión sobre el Tan Tien. Esta presión empujará hacia abajo la bola de Chi. Simultáneamente, contraiga suavemente sus órganos sexuales y el ano. La presión de ambas partes comprime y llena la bola de Chi en el Tan Tien.

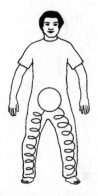

Cuando se relaja, la Energía Terrestre
asciende hasta el Tan Tien.

Cuando esté listo para iniciar la forma, divida la bola de Chi en dos partes y envíelas hacia el suelo a través de cada una de sus piernas. Esto le dará un mejor arraigo. Cuando esté bien arraigado, absorba la Energía Terrestre trasladando las dos mitades nuevamente hacia el Tan Tien. Reúnalas para formar otra vez la bola de Chi.

Tai Chi inicial

1. Dé un paso hacia afuera y restablezca su conexión con la tierra. Levante los brazos y concéntrese en el poder adicional que la bola de Chi proporciona a su estructura. Traslade dicha bola hacia adelante y expándala hacia el frente mientras realiza el primer Empuje con las dos manos.

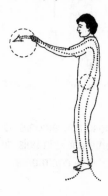

Traslade la bola de Chi desde el ombligo hasta el brazo

Sienta cómo la energía absorbe la fuerza del suelo a través de sus piernas y cómo la envía hacia sus palmas a través de los brazos. Dilate el área del Tan Tien no sólo hacia el frente, sino también hacia los lados y la parte baja de la espalda, como si tuviese una pelota de playa en el abdomen.

2. Retraiga y baje los brazos. Baje la cadera y empuje la bola de Chi hacia el coxis, el sacro y el perineo.

Al bajar los brazos, absorba la energía a través de ellos y trasládela hacia el Tan Tien

Cuando sus brazos estén abajo, empuje la bola de Chi hacia el Tan Tien

3. Esto creará un vacío encima de la bola de Chi, el cual puede llenarse con Chi absorbido recientemente a través de los brazos durante la fase Yin. También mejorará su conexión con la tierra.

Movimientos básicos - Forma de la mano izquierda

Cuando traslada su peso de una pierna a otra en las rotaciones posteriores, la bola de Chi se mueve hacia el lado del giro; si vira hacia la izquierda, el movimiento masajea al riñón izquierdo, al bazo, al estómago, al páncreas y al colon descendente. Y si gira hacia la derecha, fricciona al hígado, la vesícula biliar y el colon ascendente. En cada transición, la bola de Chi pasa sobre el intestino delgado y el colon transverso, proporcionándoles masaje.

La única diferencia entre la forma del Tan Tien y las formas de la Mano Izquierda y de la Mano Derecha es el lado del cuerpo hacia el cual se mueve la bola de Chi. Esto se hace patente en el transcurso de la práctica, por lo que los movimientos se describen sólo en una dirección.

Tomando la Cola del Pájaro: norte

Primera Guardia Exterior: Sosteniendo la Bola de Chi

En esta parte de la forma, traslade la bola de Chi hacia atrás y colóquela contra la columna para dar masaje a los riñones mientras gira las manos y desciende a una fase Yin.

Segunda Guardia Exterior: Sosteniendo la Bola de Chi

Traslade la bola de Chi hacia la derecha y presiónela contra el riñón derecho mientras gira la cadera hacia ese lado. Luego, trasládela hacia el lado anterior derecho y presiónela contra la diestra de la vejiga y el centro sexual, al tiempo que inicia el movimiento Yang de avance de la Guardia Exterior. Esto permite que el movimiento hacia afuera de la energía se traslade desde el Tan Tien hacia los brazos y salga por las palmas de las manos.

Retroceso

Durante la parte del descenso, baje la bola de Chi hacia el coxis, el sacro y el perineo. Esto genera un vacío que puede llenar con energía recientemente absorbida y envia-

da a su ombligo a través de los dedos, las palmas de sus manos y los brazos. Refuerce el giro hacia la izquierda trasladando la bola de Chi hacia la espalda y el riñón izquierdo; esto le permitirá absorber energía adicional a través de su mano derecha, que se encuentra levantada.

Presión

Vuelva la bola de Chi hacia el frente de su cuerpo para ejercer la Presión. Empújela hacia la vejiga y el centro sexual para establecer una conexión entre el suelo y la dirección de la fuerza.

Empuje con las dos manos

En el empuje con las dos manos, la bola de Chi realiza el mismo movimiento que en la Presión. Apoye este movimiento de vaivén de la bola inclinando el sacro como se describe en los capítulos anteriores.

Azote Sencillo: sur
Primer giro

Traslade nuevamente la bola de Chi hacia la dirección del giro. Esto masajea los órganos internos del centro del cuerpo y presiona suavemente al riñón izquierdo cuando alcanza su máxima extensión.

Segundo giro: Formación del Pico

Traslade la bola de Chi nuevamente hacia el riñón derecho mientras forma el pico. De nuevo, la bola de Chi presiona suavemente al riñón derecho cuando el movimiento alcanza su máxima extensión.

Tercer giro: Liberación del Pico

Cuando libere el pico, traslade la bola de Chi nuevamente hacia el frente de su cuerpo e inicie la acción Yang, que consiste en presionar la vejiga y el centro sexual, para conectar la Energía terrestre con el nuevo movimiento energético hacia fuera.

Alcanzando el Cielo

Retire la bola de Chi del lado derecho del centro sexual y la vejiga y trasládela hacia el centro. Establezca la misma conexión con el suelo, distribuyéndola ahora entre ambas piernas.

Empuje con una mano

Traslade la bola de Chi hacia el lado izquierdo del centro sexual y de la vejiga. Esto completa la acción Yang dirigiendo la fuerza Terrestre adicional hacia la palma izquierda a través del brazo.

Transición hacia una nueva dirección

Cuando realiza los movimientos hacia cada uno de los puntos cardinales, el Tan Tien efectúa exactamente el mismo movimiento descrito en la parte correspondiente a la dirección norte. Omitimos dicha descripción por cuestiones de brevedad.

Sosteniendo al Bebé

Traslade la bola de Chi del área del centro sexual y la vejiga (al frente del cuerpo) hacia la parte posterior de la columna, en la región del sacro y el coxis y regrésela de nuevo hacia el frente. Una vez más, esta acción refuerza y es reforzada por la acción

del sacro. También es un poderoso medio para absorber energía adicional en el vacío que se crea al presionar la bola de Chi hacia la parte baja del cuerpo. Ponga las palmas hacia arriba para absorber esa energía extra.

Forma de la Mano Derecha

Como se menciona líneas arriba, no existe ninguna diferencia entre las formas de la Mano Izquierda y de la Mano Derecha, excepto que la bola de Chi se encuentra en el lado opuesto.

MOVIMIENTOS FINALES

Manos Cruzadas y Conclusión del Tai Chi

Cruce las manos y vuelva a la postura Wu Chi. Vuelva a colocar la bola de Chi en el centro exacto de su cuerpo, que es su punto de partida y conviértala en su centro de equilibrio, su centro de gravedad y en el centro de su atención. Con esto concluye la práctica.

Postura Hun Yuan

La postura Hun Yuan es muy importante en la forma del Tan Tien. Póngase en pie, en una postura relajada, con los pies juntos y las manos sobre el ombligo, la palma de la mano derecha sobre la izquierda. Dirija toda su atención al ombligo y haga girar en espiral la energía para dirigirla hacia el Tan Tien.

Es necesario insistir una vez más en la importancia que tiene recoger y almacenar la energía. Con todo el esfuerzo y gozo que implica la práctica, sería una lástima dejar que los resultados se pierdan por no efectuar el último paso, que consiste en encerrar la energía en el Tan Tien.

Use su mente para girar en espiral el Tan Tien
y recoger la energía

No coma ni vaya al baño en los 45 minutos posteriores a su sesión de Tai Chi. Toda la energía se concentra en el área del ombligo y su cantidad disminuye con los procesos de digestión y excreción, los cuales consumen una notable cantidad de energía.

12

La Forma Curativa

CONEXION DE LOS ORGANOS CON LAS CINCO DIRECCIONES

Absorción del Chi de las Cinco Direcciones

Un elemento importante en el aprendizaje del Tai Chi es la sensibilidad hacia las energías direccionales. La Sonrisa Interior puede ayudar al estudiante a reconocer la energía saludable a fin de absorber las fuerzas complementarias de las diferentes direcciones. La siguiente es una lista de esas direcciones y de los órganos mayores, menores y sensoriales que se corresponden con ellas:

1. Norte - elemento agua - la energía de los riñones, la vejiga y los oídos.
2. Sur - elemento fuego - la energía del corazón, el intestino delgado y la lengua.
3. Este - elemento madera - la energía del hígado, la vesícula biliar y los ojos.
4. Oeste - elemento metal - la energía de los pulmones, el intestino grueso y la nariz.

5. Centro - elemento tierra - la energía del bazo, el estómago, el páncreas y la boca.

La forma en que nos movemos en nuestro entorno determina nuestra exposición a cada una de las direcciones: norte, sur, este y oeste (los chinos tienen una quinta dirección, el centro). La orientación de nuestra casa con respecto a los puntos cardinales es siempre la misma. Usualmente nos sentamos en la misma silla y miramos hacia la misma dirección durante la comida; preferimos un asiento particular para pasar la mayor parte del tiempo por las tardes; cuando dormimos, alineamos nuestro cuerpo en una dirección particular. Cuando nos levantamos por la mañana, caminamos siempre en la misma dirección para ir al baño; la puerta por la que salimos de nuestra casa siempre se abre hacia el mismo lado y el camino hasta el coche es invariable. Generalmente tomamos la ruta más rápida para llegar al trabajo. Una vez allí, nuestra oficina se encuentra en un lado del edificio y nuestra mesa mira hacia cierta dirección.

Conducimos de regreso por la misma ruta y llegamos a una casa que no se ha movido durante nuestra ausencia (a menos que vivamos en California).

Al estar confinados en un ambiente fijo a causa de nuestras actividades, la mayoría de nosotros estamos sobreexpuestos a ciertas direcciones y subexpuestos a otras. Al repetir el mismo patrón de un día típico durante semanas, meses y años, estas sobreexposición y subexposición se agravan.

Cada dirección está asociada con un tipo de energía característico. El equilibrio y la armonía se consiguen manteniendo esas energías en proporciones equivalentes. Para lograr este objetivo, los movimientos del Tai Chi se practican en todas las direcciones. En la Forma Curativa, la energía de las cuatro direcciones y el centro es absorbida en sus órganos asociados. Si diariamente se mantiene en contacto con la energía de las cinco direcciones, podrá conservar y fortalecer el funcionamiento de sus órganos. Si enferma, la unión con esas energías le permitirá curarse más rápidamente.

A los órganos también les corresponde un color, un animal y un planeta. Los colores y los animales son símbolos de la energía de las direcciones. Su eficacia para evocar las energías ha llegado hasta nosotros en la forma de herramientas transmitidas por innumerables meditadores taoístas. El uso de esos colores y esos animales nos ayuda a entrar en contacto con las energías asociadas con ellos, con las cuales trabajaron los adeptos.

Nuestros órganos están hechos de las mismas partículas que forman a los planetas. En este sentido, se considera que los planetas son los padres de nuestros órganos. Las energías de los órganos pueden ser nutridas con las energías de sus planetas "padres".

La Forma Curativa tiene varios niveles: el Terrestre, el Humano o Cósmico y el nivel Celeste. En la práctica del nivel Terrestre, se usan las fuerzas direccionales, los animales y los colores para sintonizarnos con sus energías asociadas. Dichas energías son absorbidas a través de las palmas de las manos, las plantas de los pies y el perineo.

En la práctica del nivel Humano o Cósmico, se usan los Seis Sonidos Curativos y la Bola de Chi para sintonizarnos con sus energías asociadas y absorberlas del frente a través del entrecejo.

En el nivel Celeste, se usan los planetas y sus colores para sintonizarnos con sus energías asociadas, las cuales se absorben a través de la cúspide de la cabeza. Más adelante presentamos una tabla con esas asociaciones.

Antes de pasar a la forma Curativa es necesario dominar los niveles previos del Tai Chi Chi Kung. Cuando haya alcanzado este

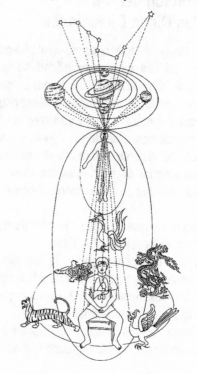

Dirección	Norte	Este	Sur	Oeste	Centro
Elemento	Agua	Madera	Fuego	Metal	Tierra
Energía	Almacenar	Expandir	Liberar	Recoger	Equilibrada
Organo Yin	Riñones	Hígado	Corazón	Pulmones	Bazo y Páncreas
Organo Yang	Vejiga	Vesícula biliar	Intestino delgado	Intestino grueso	Estómago
Color	Azul	Verde	Rojo	Blanco	Amarillo-dorado
Animal	Tortuga azul	Dragón verde	Faisán rojo	Tigre blanco	Fénix dorado
Planeta	Mercurio	Júpiter	Marte	Venus	Saturno

nivel, el arraigo, los movimientos en espiral, el Yin y el Yang, los tendones, la estructura y los otros principios del Tai Chi se habrán integrado en su forma al grado de que no tendrá que pensar en ellos, sino que simplemente sucederán por sí mismos, lo cual le dará mayor libertad para relajarse y absorber la energía curativa.

También es importante que se ejercite en el nivel Avanzado de la Meditación de la Fusión de los Cinco elementos, la cual le ayudará a familiarizarse con las diferentes energías de las direcciones y sus colores, planetas y animales asociados.

Cuando practique por primera vez la forma Curativa, concéntrese simplemente en el órgano asociado con cada dirección. Busque los órganos en un libro de anatomía, observe cómo son y cuáles son sus funciones. Posteriormente, podrá visualizarlos fácilmente durante la forma. La práctica de la Sonrisa Interior y de los Seis Sonidos Curativos también le familiarizará con la ubicación de los órganos y su energía.

En las repeticiones posteriores, concéntrese sólo en una asociación por cada órgano:

primero el color, luego el animal y por último el planeta. Respire el color. Imagine que el animal se acerca a usted. Visualice el planeta y sienta cómo absorbe su energía. Cuando se haya familiarizado de esta manera con las asociaciones, podrá combinarlas todas en una sola forma.

Al practicar la forma Curativa, es particularmente útil incorporar los Seis Sonidos Curativos de acuerdo con la dirección de la postura Tomando la Cola del Pájaro. Esto ayuda a armonizar la mente con la energía particular y a estimular el órgano con una vibración sanadora que liberará las energías negativas atrapadas y nutrirá las potencias virtuosas de los órganos respectivos.

PRACTICA DE LA FORMA CURATIVA

No vamos a repetir los detalles específicos de la forma del Tai Chi Chi Kung. A continuación presentamos un resumen de las energías combinadas de los niveles Terrestre,

Cósmico y Celeste de la forma Curativa. Puede dividir la práctica abordando la forma Curativa combinada, o puede empezar con lo que al principio le parezca más evidente y desarrollar después las energías más sutiles. El detalle más importante que debe recordar con respecto a esta forma es que su objetivo es lograr la salud total del cuerpo y de la mente. Por tanto, es indispensable contar con una actitud mental adecuada y un control emocional virtuoso.

Cuando apunte hacia una dirección particular en la forma del Tai Chi Chi Kung, absorba la energía en los órganos asociados a la misma. Mueva el Tan Tien y la bola de Chi para masajearlos. De esta manera, podrá activar todos los órganos en el transcurso de la sesión.

Postura Wu Chi

El uso de la postura Wu Chi para sonreír al corazón fomenta un sentimiento corporal de amor, alegría y felicidad que establece el tono de su práctica curativa.

Norte

Comience la forma Curativa del Tai Chi dirigiéndose hacia el norte. En ese punto cardinal, los riñones y la vejiga se conectan con el elemento agua, la fuerza Terrestre y la Tortuga Azul. Desde el punto de vista energético, esta dirección está relacionada con la Estrella Polar, el planeta Mercurio y con la fase de recolección y conservación de la energía.

Sonría y sea consciente de sus riñones y de su vejiga. Perciba cómo absorbe la cualidad acuosa de la recolección y la conservación. Los huesos y los dientes también están conectados al lado norte (debido a que están regidos por los riñones), por ello cuando reco-

Apuntando hacia el norte: nutra sus riñones con la energía de la Estrella Polar

ja la energía, haga que esas partes la absorban. Absorba el color azul y atraiga la Tortuga de la fuerza Terrestre que se encuentra en el plano horizontal hacia el norte.

Al descender, empuje la bola de Chi hacia ambos riñones. Presiónela hacia su interior usando la mente y contrayendo ligeramente el estómago. Cuando retroceda hacia la izquierda, presione hacia el riñón izquierdo y comprímalo. Cuando retroceda hacia la derecha, presione el riñón derecho. Al relajarse, el riñón se expande y absorbe más fuerza vital en su interior.

La energía de Mercurio proviene de lo alto. Ese planeta da poder a los riñones. Agregue la energía mercurial a su vejiga y sus riñones. Imagine el color azul de ese planeta; sienta cómo su poder curativo fortalece sus riñones, su vejiga y sus huesos.

Oeste

El lado oeste se relaciona con los pulmones y el intestino grueso, que son los órganos asociados con la eliminación. La energía de ese punto cardinal se asocia con el elemento metal, que es una forma de energía muy condensada. Cuando llevamos esa energía al interior de nuestros pulmones nos volvemos más valientes.

El color correspondiente es el blanco. Si visualiza estos órganos mientras practica la forma, recibirá más poder curativo.

Sonría a sus pulmones y perciba una fuerza de color blanco viniendo hacia usted desde el oeste. Pida al Tigre Blanco de ese punto cardinal que le dé más energía.

Sienta el movimiento de la bola de Chi. Si hunde el pecho y vacía los pulmones, podrá respirar desde la parte posterior de los mismos, así como desde la parte inferior del abdomen.

Mirando hacia el oeste, absorba con sus pulmones la energía del Tigre Blanco

Cuando tenga un buen contacto con el oeste, conéctese con la Fuerza Celeste y con el planeta Venus. Imagine a dicho cuerpo celeste y sea consciente del descenso de la fuerza blanca. Para ello, necesitará poder mental. Cuando empuje hacia fuera concéntrese en hundir el pecho y vaciar sus pulmones.

Sur

El lado sur se relaciona con la fuerza del Fuego. Esa energía es expansiva y radiante y beneficia al corazón y la circulación.

Sonría a su corazón. Perciba la energía expansiva y radiante del amor. Cuando se sienta gozoso y feliz, expansivo y radiante, percibirá maravillas en todas partes. Sonría a

su corazón y a su intestino delgado. El color rojo es muy importante para ambos órganos. El fuego es necesario para la digestión de los alimentos. Asimismo, el corazón necesita ese elemento para hacer circular la sangre.

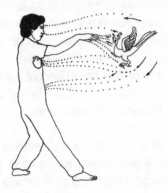

Absorba en su corazón la energía del Faisán Rojo del Sur

Sienta cómo su corazón irradia el color rojo mientras practica la forma hacia el sur. Hunda el esternón y sea consciente de su corazón. Invoque el poder del Faisán Rojo, que es el animal del sur, para fortalecerse y protegerse en ese punto cardinal.

Expanda su consciencia hacia el exterior y sea consciente del planeta Marte. Absorba en el corazón su color rojo que proviene desde lo alto.

Este

Mirando hacia el este, absorba en el hígado la energía verde del elemento Madera

El este se relaciona con el hígado y la vesícula biliar. Su color es el verde. Su energía es expansiva y creciente como un árbol. Los tendones también están conectados con el este.

Presione y masajee el hígado con la bola de Chi mientras gira hacia atrás. Aprenda a usar el Tan Tien, que es el lugar donde se almacena la Fuerza Original. Cuando realice el movimiento de descenso, vuelva al centro y presione contra el bazo. Concéntrese en el descenso y presione el hígado y la vesícula biliar.

Invoque al Dragón Verde, que es el animal del este.

Sea consciente del planeta Júpiter. Dicho planeta posee una cantidad tremenda de energía, benéfica para el hígado y para la vesícula biliar.

Centro

El Centro se asocia con el bazo, el páncreas, el estómago y la Fuerza Terrestre. La energía equilibrada y armoniosa del centro se

En la postura de descenso, absorba la energía amarilla del Centro en el bazo y en el estómago

absorbe mejor en las posturas finales de Descenso, Wu Chi y Hun Yan. Sin importar hacia qué dirección esté mirando, cuando descienda, conéctese y absorba siempre la energía amarilla. Atraiga hacia usted al Fénix Amarillo y póselo sobre su cabeza.

Conéctese con la luz sanadora de color amarillo del planeta Saturno. En el movimiento de retroceso, presione el bazo y el páncreas con la bola de Chi.

13

La forma de la Respiración Cutánea y Osea

Dado que el esqueleto es la base y el núcleo de nuestra estructura física, para dominar el Tai Chi Chi Kung es necesario aprender a activar, energetizar y transformar los huesos y la médula ósea.

Durante siglos, los practicantes de las artes marciales de China han incorporado a su entrenamiento varias prácticas del Chi Kung, con el objeto de ejercitar y desarrollar sus huesos. En el método del Tao Curativo, presentamos esas prácticas en los contextos del Chi Kung Camisa de Hierro y del Nei Kung de la

Médula Osea (Chi Kung Camisa de Hierro III). La Respiración Osea, la Respiración Cutánea y la Limpieza de la Médula son las principales prácticas de la Camisa de Hierro que se concentran en la activación de los huesos.

Todas estas prácticas hacen que los huesos absorban energía. Esto elimina la grasa de la médula ósea y crea espacio para que ésta crezca, lo cual incrementa nuestra capacidad para producir glóbulos sanguíneos sanos.

Las células sanguíneas nutren al cuerpo y le ayudan a resistir las enfermedades. La médula de los huesos redondos, como los de los brazos, piernas y columna, produce los

La Respiración Osea en la postura del
Abrazo del Arbol del Chi Kung Camisa de Hierro

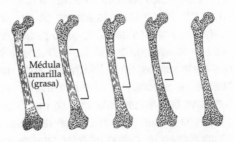

La práctica prolongada de la Respiración Osea
contribuye a eliminar la grasa de los huesos
y favorece el desarrollo de la médula roja

glóbulos rojos o eritrocitos, los cuales transportan oxígeno y nutrientes a todas las células de nuestro cuerpo. La médula de los huesos planos como los del cráneo, las costillas y la cadera, produce glóbulos blancos o leucocitos, que son las tropas del sistema inmunológico. Una sangre sana es esencial para tener un cuerpo saludable.

Estas prácticas también fortalecen la matriz ósea. La resistencia de la matriz ósea es, en esencia, la fuerza estructural de los huesos. La matriz ósea es el principal punto de almacenamiento de calcio en nuestro cuerpo. Asimismo, el Chi se almacena en ella de manera poco usual: el hueso es una de las pocas sustancias, además del cristal de cuarzo, que poseen propiedades piezoeléctricas. Esto significa que la carga eléctrica de los huesos se incrementa en proporción a la presión ejercida sobre ellos.

El Tai Chi Chi Kung es uno de los mejores ejercicios para ejercer presión sobre los huesos, ya que hace énfasis en el traslado del trabajo de carga de los músculos a los huesos en todos y cada uno de nuestros movimientos. Además, alineamos toda nuestra estructura esquelética de manera que la fuerza mecánica generada en cada movimiento pasa por todos los huesos. La presión que se genera vivifica y activa la energía almacenada en el tejido óseo.

Las células que forman la matriz ósea se encuentran entre las más activas de nuestro cuerpo. Las células del tejido óseo se alinean entre sí de acuerdo con el tipo de fuerza a la que están sujetas. En el Tai Chi Chi Kung, los huesos se exponen simultáneamente a una fuerza vertical y horizontal que se manifiesta como una espiral. Esto hace que las células óseas formen un patrón reticular muy denso, lo que produce huesos increíblemente fuertes.

Primera etapa: respiración a través de los dedos. En las etapas iniciales de la Respiración Osea, utilizamos la mente y los ojos para atraer y absorber la energía del exterior

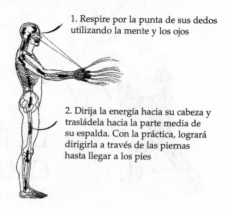

1. Respire por la punta de sus dedos utilizando la mente y los ojos

2. Dirija la energía hacia su cabeza y trasládela hacia la parte media de su espalda. Con la práctica, logrará dirigirla a través de las piernas hasta llegar a los pies

Segunda y tercera etapas: Respiración a través de los dedos de los pies y práctica simultánea

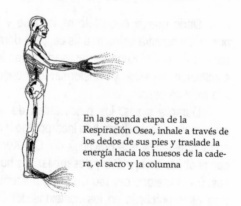

En la segunda etapa de la Respiración Osea, inhale a través de los dedos de sus pies y traslade la energía hacia los huesos de la cadera, el sacro y la columna

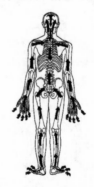

En la tercera etapa, respire simultáneamente por los dedos de las manos y de los pies

Los taoístas piensan que las partículas cósmicas que absorbemos por medio de la Respiración Osea y Cutánea fortalecen nuestro cuerpo, nuestras células y nuestros órganos. Al absorber dichas partículas nuestra energía aumenta automáticamente. En el Tai Chi Chi Kung se estudian las técnicas básicas del entrenamiento óseo. Mis libros Chi Kung Camisa de Hierro I y Nei Kung de la Médula Osea contienen mayor información sobre el proceso de respiración de los huesos y sobre las técnicas adicionales para reforzar el Chi en la médula ósea.

Si bien la Respiración Osea, la Respiración Cutánea y la Limpieza de la Médula ejercitan a esta última, ambas cumplen su propósito en formas muy diferentes. En realidad, es común que todos estos ejercicios se clasifiquen bajo el nombre de respiración ósea. En el contexto del presente capítulo, nos referiremos a ellos como entidades separadas.

En la Respiración Osea utilizamos el poder de nuestra mente para hacer que el Chi externo fluya a través de los dedos de las manos y de los pies y de otros huesos salientes y para distribuir dicha energía por toda nuestra estructura esquelética.

En la Respiración Cutánea, los cientos de miles de poros y folículos pilosos existentes en nuestra piel absorben la energía de la atmósfera. Esas partes de la piel son las más sensibles de nuestro cuerpo en términos de atracción de iones, electrones y protones del aire. La circulación de la carga eléctrica dentro del cuerpo sustenta todos los procesos metabólicos. Al inhalar, absorbemos el Chi a través de los poros y folículos hasta la superficie de los huesos y al exhalar, condensamos ese Chi en el interior de los mismos contrayendo los músculos cercanos a ellos. Este proceso se conoce también como compresión ósea.

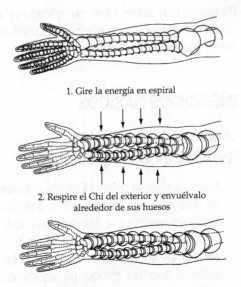

1. Gire la energía en espiral

2. Respire el Chi del exterior y envuélvalo alrededor de sus huesos

3. Empuje la energía hacia el interior de sus huesos

La Respiración Cutánea y la Respiración Osea son complementos eficientes de la respiración nasal. La superficie de la piel es mucho más grande que la de la nariz, por lo que cuenta con un mayor potencial de absorción de energía.

La Limpieza de la Médula es un proceso más pasivo. Si bien absorbemos el Chi del exterior al igual que en las prácticas anteriores, lo que la diferencia de la Respiración Osea y Cutánea es que esa absorción no se coordina con la respiración nasal. En esta disciplina, nos abrimos para recibir el flujo descendente de Chi Celeste a través de la cúspide de la cabeza y las palmas de las manos, el flujo ascendente de Chi Terrestre a través de las palmas, las plantas y el perineo y el flujo horizontal del Chi Cósmico o atmosférico a través del entrecejo. Posteriormente, absorbemos el Chi en toda la piel y lo enviamos hacia los huesos, con lo que combinamos las prácticas de la Respiración Cutánea y Limpieza de la Médula. La energía de la Limpieza de la

Médula es muy suave, como un delicado velo de luz que limpia y fortalece nuestra médula ósea con energía Yin, Yang y neutra.

EJERCICIOS BASICOS

Limpieza de la Médula y Respiración Osea y Cutánea

1. Asuma la sencilla postura Celeste: coloque los pies paralelos y sepárelos a una distancia equivalente a la que separa su rodilla de la punta de su pie. Levante los brazos por encima de su cabeza, doble los codos y dirija las palmas de las manos hacia arriba.

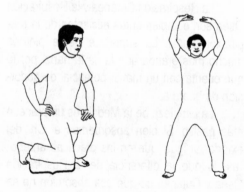

2. Use su mente para absorber la Fuerza Celeste. Quizás el ojo de su mente perciba un velo de luz violeta que emana de la Estrella Polar. Absorba la energía en sus huesos a través de la cúspide de su cabeza y de las palmas de las manos. Sienta cómo el velo violeta limpia su médula ósea de arriba hacia abajo.

Absorción de la Fuerza Celeste

3. Baje las manos de manera que queden hacia el frente, a la altura de la cintura, y con las palmas apuntando hacia abajo. Esta es la postura Terrestre.

4. Absorba la Energía Terrestre, es decir, la carga negativa de la Madre Tierra, a través de las plantas de sus pies, el perineo y las palmas de las manos. La Energía Terrestre puede manifestarse ante el ojo de su mente como un velo amarillo. Sienta cómo limpia sus huesos, como si fuera una corriente de vapor limpiador.

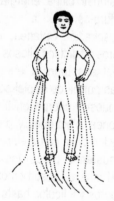

Absorción de la Fuerza Terrestre

5. Una vez que haya sentido las fuerzas Celeste y Terrestre y las haya concentrado en el ombligo, dirija la atención a su piel.

Puede frotarla suavemente con las manos. Perciba las sensaciones que se producen en su superficie.

6. Inhale y absorba el Chi de la atmósfera (iones, protones, electrones y partículas de luz) a través de su piel y envíelo a la superficie interior de sus huesos. Sienta cómo sus folículos pilosos actúan como pararrayos o antenas que atraen y absorben la energía.

7. Exhale, contraiga ligeramente los músculos cercanos a los huesos y empuje el Chi al interior de éstos para cargarlos de energía. Sentirá sus huesos plenos, expandidos, distendidos y electrificados.

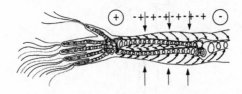

Al inhalar a través de la punta de los dedos y la piel, y al envolver, girar en espiral y empujar la energía hacia el interior de los huesos, se crea un impulso eléctrico

8. Inhale nuevamente. Sea consciente de sus riñones y de su centro sexual. Estos centros ayudan a que el hueso absorba las partículas para regenerar la médula. Exhale un poco. Descanse, relaje su respiración y sienta cómo su piel respira por sí misma durante seis a nueve respiraciones.

Limpieza Terrestre y Celeste de la médula

1. Baje los brazos y manténgalos curvados con las palmas hacia arriba, como si acarreara la energía de la tierra.

2. Inhale y sienta cómo la energía Terrestre asciende por las plantas de sus pies y el perineo. Contraiga ligeramente el ano e inhale energía hacia el sacro. Inhale hasta la T-11, empujando la columna ligeramente hacia afuera. Continúe de la misma forma hasta las vértebras T-5 y C-7, la base del cráneo y la cúspide de la cabeza.

3. Sea consciente de la Osa Mayor y de la Estrella Polar que se encuentran sobre usted. Inhale. Es posible que sienta un gran peso en la cúspide de la cabeza. Use la Energía Celeste para limpiar su médula ósea. Exhale. Descanse y sienta cómo la carga positiva de dicha Energía limpia su encéfalo, su cráneo, sus vértebras cervicales y su esternón.

Haga descender la energía por las vértebras torácicas y lumbares hacia su cadera y los huesos de las piernas. Sienta cómo la luz violeta purifica su esqueleto. Descanse y respire suavemente. Deje que el proceso suceda por sí mismo.

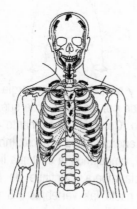

Respiración por la clavícula, el esternón y las costillas

5. Descanse y continúe respirando con suavidad. Sea consciente de las plantas de sus pies y de las palmas de sus manos y perciba cómo surge la luz amarilla de la tierra. Permítale limpiar su médula ósea desde las piernas hacia el sacro, la columna (en sus zonas lumbar, torácica y cervical), el cerebro y más allá (deberá haber levantado sus manos gradualmente hasta colocarlas por encima de su cabeza).
6. Repita el ejercicio de 10 a 20 veces.

Limpieza solar de la médula

La luz del sol, especialmente la matutina (que se visualiza de color violeta y amarillo), activa la energía de la médula ósea. Puede practicar mirando hacia el sol justo al amanecer, antes de que la luz solar sea demasiado fuerte.

1. Comience mirando al sol y parpadeando rápidamente. Cierre los ojos. Al hacerlo, percibirá los colores violeta y amarillo. Separe esos colores y absorba la energía por su piel y sus huesos.
2. Inhale hacia el interior de sus huesos y exhale. Relájese. Repita este proceso durante unos minutos hasta que sienta que lo ha aprendido. Una vez que lo haya hecho, la absorción de la energía se efectuará automáticamente.

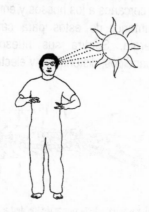

Absorción de la energía solar

3. La luz amarilla del sol desciende hasta la médula ósea, limpiándola, incrementándola y fortaleciéndola. En ocasiones, cuando mira hacia el sol, percibe la luz roja. Los huesos también la necesitan. Visualícela y absórbala a través del entrecejo, la boca y la piel durante la inhalación y condénsela e intérnela al exhalar, a fin de limpiar la médula ósea contrayendo ligeramente los músculos cercanos al hueso.

La Sonrisa Interior de la Médula Osea

Después de realizar la Limpieza Celeste

y Terrestre de la Médula Osea, deténgase por un momento y sonría a toda su estructura esquelética. Concédase el tiempo necesario para sonreír a cada uno de sus huesos.

1. Sonría a su cráneo.
2. Sonría a cada una de las vértebras cervicales. Perciba cómo penetra el Chi en cada una de ellas, llenando y expandiendo el espacio intervertebral.
3. Sonría a la clavícula, los omóplatos, el húmero, el radio y el cúbito, así como a los huesos de las muñecas y las manos. Sonría especialmente a las articulaciones que unen esas estructuras; perciba cómo llena el Chi los espacios articulares.
4. Sonría a las vértebras torácicas, lumbares y a la pelvis. Sienta cómo el Chi llena el espacio articular.
5. Sonría a la ingle (kua) y sienta cómo se llena de Chi la articulación de la cadera. Sonría a su fémur, que es uno de los huesos más importantes en la producción de eritrocitos.
6. Sonría a la articulación de la rodilla y sienta cómo se llena de Chi. Sonría a la tibia y el peroné, así como a los huesos de los tobillos y los pies.
7. Descanse un momento y perciba toda su estructura ósea.

sulte un libro de anatomía para familiarizarse con la apariencia de los huesos del cráneo, de la columna vertebral, de las partes superior e inferior de los brazos y las piernas, las manos, los pies y la cadera. Esto le permitirá visualizarlos mejor durante el proceso de respiración ósea.

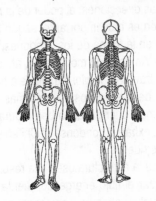

La estructura esquelética

Una vez que sea íntimamente consciente de todo su esqueleto, traslade su atención hacia el corazón y los riñones. Esto activará su espíritu y su energía esencial, respectivamente. Relájese y perciba su capacidad de absorber la energía en su interior.

Inhale la energía a través de las palmas de las manos, de los dedos y los poros de su piel. Observe los dibujos referentes a la respiración ósea, siguiendo con la vista lo que ahora percibe ya como una sensación.

COMO INCORPORAR LA RESPIRACION CUTANEA Y OSEA EN LA FORMA DEL TAI CHI CHI KUNG

Movimientos introductorios

En esta parte de la forma, es importante que se conceda tiempo para sentir todos los huesos de su cuerpo. Es conveniente que con-

Los huesos son muy porosos y "respiran" en todo momento

Movimientos básicos

En la sección referente a los Movimientos Básicos de la forma del Tai Chi Chi Kung, compuesta de las posturas Tomando la Cola del Pájaro y Azote Sencillo efectuadas en las distintas direcciones, el poder de la mente-ojo-corazón es muy importante, según hemos explicado en la forma de los Tendones. Inhale en la fase Yin de cada movimiento, absorba la energía a través de la piel y trasládela hasta la superficie de sus huesos. Cuanto más relajado esté, más energía absorberá. Durante la fase Yang, exhale y condense el Chi en el interior de sus huesos.

Utilice la estructura ósea y la respiración para reforzar el flujo energético. Sienta cómo dicha estructura absorbe y comprime constantemente la energía en el interior de la médula; visualice sus huesos y sonríales durante toda la sesión.

El descenso es la fase Yin del movimiento. Inicie la Respiración Osea absorbiendo el Chi a través de las puntas de sus dedos, palmas de las manos y entrecejo. A medida que vaya adquiriendo mayor habilidad, podrá absorber la energía a través de más áreas y centros como la cúspide de la cabeza, las puntas de los dedos de los pies, las piernas y la piel.

Inicie la Respiración Osea durante la fase Yin del descenso, absorbiendo el Chi por las puntas de sus dedos

El retroceso es la fase Yang del movimiento. Exhale y contraiga los músculos hacia los huesos, presionando y condensando el Chi hacia su interior. Sienta cómo la energía penetra profundamente en ellos. Le resultará muy útil imaginar que sus huesos son tan porosos como una esponja.

Absorba el Chi a través de los dedos de las manos y de los pies

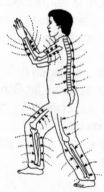

Cuando traslade su peso hacia adelante durante la fase Yang, sienta como si los huesos de todo su cuerpo fuesen porosos como esponjas. Perciba la respiración de todos ellos y use su mente para comprimir el Chi en su interior

Una vez que haya iniciado y activado el proceso de Respiración Osea, éste le exigirá menos esfuerzo. Sólo relájese y sienta cómo absorbe el Chi por las puntas de sus dedos, sus centros energéticos y su piel durante la inhalación, y perciba cómo se condensa en sus huesos durante la exhalación.

Permanezca consciente de este proceso durante toda la forma del Tai Chi. Posteriormente, para absorber el Chi en su esqueleto, podrá usar más la mente y menos la contracción muscular.

Para que este nivel avanzado de la práctica le resulte efectivo, debe abordarlo con lentitud. Absorba lenta y suavemente la energía en los puntos que se muestran en la ilustración, como si tirara del hilo de un capullo de seda: si lo hace con demasiada fuerza, se romperá, y si tira muy débilmente, el hilo no saldrá.

Como mencioné anteriormente, los riñones rigen los órganos sexuales y los huesos. Cuanto más sonría a esos órganos y cuanto más lentos sean sus movimientos, podrá absorber la energía en forma más eficiente.

Los colores amarillo, violeta y rojo ayudan a rejuvenecer la médula ósea. Cuanto más se relaje y más conserve una buena estructura, mejor percibirá la absorción del Chi. Sienta su piel al inhalar y los huesos al exhalar. Absorba la energía por cada poro y folículo de la piel; puede imaginar la piel como si fuera un gran pulmón. Transporte la fuerza a través de la médula espinal según se describe en los capítulos anteriores.

Es útil abrir las articulaciones para absorber el Chi en los huesos durante la Respiración Osea

Concéntrese en el Yin (inhalación) y Yang (exhalación). Siéntase como si nadara realmente en un océano de Chi y como si tuviera que empujar a través de éste para crear la acción de la respiración ósea. Cuando absorba el Chi, posiblemente sentirá que es muy denso. Permanezca consciente de su estructura, del movimiento del Tan Tien y particularmente de sus huesos. Esta forma exige un alto nivel de consciencia, ya que además del usual flujo longitudinal del Chi a través de la estructura, también se presenta un movimiento transversal de la energía desde la superficie de la piel hasta los huesos, guiada por la mente-ojo-corazón. Así, en el Tai Chi Chi Kung desarrollamos una consciencia muy profunda del movimiento de la energía.

Transición hacia una nueva dirección

Durante la parte de la forma compuesta por la postura de Sosteniendo al Bebé y los Movimientos Finales, debe moverse muy lentamente o permanecer quieto durante un momento, a fin de que tenga la oportunidad de sentir realmente el proceso principal del trabajo con la respiración y los centros energéticos. Absorba la energía a través de su cabello, de la cúspide de su cabeza y del tronco llevándola hacia abajo, a las piernas y a las plantas de los pies. Concéntrese en todos los puntos de la Orbita Microcósmica: cúspide de la cabeza, entrecejo, garganta, plexo solar, ombligo, centro sexual, perineo, sacro, Puerta de la Vida, T-11, T-5/T-6, C-7 y Cojín de Jade. Todos estos puntos absorben la energía con más fuerza si dirige su atención hacia ellos.

Bañe todo su cuerpo con la energía recientemente adquirida, de manera que su

199

médula ósea quede totalmente inmaculada. Todo su cuerpo es como una esponja expuesta al suministro externo de Chi. Esto es particularmente cierto en esta forma, ya que todos sus poros se abren debido a la consciencia de su mente-ojo-corazón.

MOVIMIENTOS FINALES

Cuando esté listo para concluir la forma, sonría de nuevo a toda su estructura ósea y recoja el Chi en su ombligo.

14

La Forma de la Estructura Integrada

En las formas anteriores hemos expuesto todos los aspectos de la estructura interna del Tai Chi Chi Kung. En la forma Yin y Yang se presentan las Tres Fuerzas y se insiste en la importancia que tienen la sonrisa y la relajación para absorberlas. La alineación y uso de la estructura esquelética que se explican en la forma del Arraigo y de la Transferencia del Chi nos capacitan para absorber y descargar grandes cantidades de energía y mantener un contacto adecuado con las fuentes Celeste y Terrestre. En la forma de la Activación de los Tendones se enseña cómo el "I," que es la combinación de la mente-ojo-corazón, y hace circular la energía para desplazar el cuerpo. En la forma del Tan Tien se explica cómo originar todos los movimientos desde el centro del organismo.

La forma Curativa pone la energía de las cinco direcciones al alcance de sus órganos asociados. La forma de la Respiración Cutánea y Osea sirve para absorber el Chi en los huesos.

En la forma de la Estructura Integrada se combina toda la estructura interna, tanto esquelética como energética, que ha sido descrita en los capítulos anteriores. Para tener éxito en la práctica del Tai Chi Chi Kung, es importante aprender a usar la mente en forma adecuada. Por eso las meditaciones como la de la Orbita Microcósmica y la de la Fusión de los Cinco Elementos, que nos enseñan a dirigir, condensar y absorber nuestra energía interna, son tan importantes en esta disciplina. Quien aprenda sólo el Tai Chi Chi Kung sin ningún tipo de meditación sentada, no podrá usar su mente para concentrar la energía, pues deberá aprender muchas cosas al mismo tiempo. Es como si tratáramos de enseñar a alguien a dibujar simultáneamente con las manos y con los pies. Es simplemente imposible manejarlo todo a la vez.

Una ventaja importante de las formas cortas como el Tai Chi Chi Kung es que se aprenden rápidamente. Esto nos permite dedicar más tiempo al trabajo interno. El primer objetivo del Tai Chi es aprender correctamente la forma externa y ejecutarla en forma automática. Una vez dominada, el verdadero trabajo consiste en aprender a usar la energía en cada postura. La labor interna es una característica única del Tai Chi y lo distingue de las formas externas de las artes marciales. No aprender la parte interna del Tai Chi es como tener una ostra y no molestarse en buscar la perla que hay en su interior.

PREPARACION DEL ARCO

La estructura interna nos permite mover nuestro cuerpo como una unidad. Uno de los principios cardinales del Tai Chi Chi Kung consiste en dirigir cada movimiento con el cuerpo, no con las manos. Muchas personas tienden a mover primero éstas, sin embargo es necesario que las piernas y la cadera se muevan primero y desplacen al resto del cuerpo. Esto se aplica tanto al traslado del peso hacia adelante como al movimiento de descenso.

Este último es muy importante. Cuando su cuerpo desciende, su pierna posterior se dobla como un arco preparándose para disparar una flecha. Nosotros llamamos a esto "almacenamiento de la energía". En el Tai Chi debe hacer acopio de la fuerza en su interior antes de liberarla. Si no lo hace, es como si

El movimiento de descenso es como "tensar un arco".

tensara la cuerda del arco sólo hasta la mitad de su capacidad antes de disparar la flecha. Esto le impide acumular la fuerza.

Asimismo, es necesario que mantenga su nivel cuando traslada su peso hacia atrás y hacia adelante; trate de evitar los desplazamientos hacia arriba y hacia abajo, o no podrá conectarse con la Fuerza Terrestre.

No se estire hacia arriba al dar un paso hacia fuera

Aunque esto puede parecer muy simple, para algunas personas es muy difícil porque están acostumbradas a usar sus manos independientemente del resto del cuerpo. Si sus manos se mueven por sí solas, se tensa y obstruye el flujo del Chi. En cambio, si desplaza todo su cuerpo de manera relajada e integrada, lo sentirá suave y ligero, aunque increíblemente poderoso. En los Clásicos del Tai Chi se afirma: "Mis manos no se mueven ni media pulgada [por sí mismas]." En otra parte se dice que "Mis manos no son mis manos; todo mi cuerpo es mi mano". Si comprende esto, habrá asimilado una parte importante de la teoría del Tai Chi. Sus manos se mueven gracias a sus piernas, a su columna y a sus tendones. Aunque hay veces en que parece que sólo ellas se mueven, en realidad son sus tendones los que se estiran. Esta es una parte de lo que llamamos Cambio de los Tendones.

Toda la parte superior de su cuerpo está unida a su cadera y a sus piernas. Por tanto, si esta base se mueve, su cuerpo se desplazará como una unidad individual y controlada. Cuando usamos nuestros brazos y manos en forma aislada, nos dividimos en demasiadas partes.

Esto también se aplica a la mente. Al practicar, debe tratar de mantener su mente centrada en el Wu Chi. Si su mente divaga de un pensamiento a otro, se volverá débil y difusa.

APRENDA A SER COMO UN NIÑO

El estudio del Tai Chi es como volver a ser niños de mente y cuerpo. Los pequeños no tienen grandes masas musculares, por lo que se desplazan naturalmente con la estructura. En ese sentido, un niño es mucho más flexible que un adulto que no practica el Tai Chi. La flexibilidad se adquiere al relajarse y sentir deleite, alegría y felicidad.

ABSORBA Y DIRIJA LA ENERGIA

Generalmente, el Tai Chi se practica lentamente. El ritmo lento y uniforme le permitirá refinar y perfeccionar realmente su estructura al asumir una gran variedad de posturas. Una vez que su estructura se desempeñe correctamente a lo largo de la forma, podrá entrenar su mente para manejar el Chi.

En el Tai Chi usamos la mente para recoger y dirigir la energía hacia el interior de nuestro cuerpo, donde la transformamos.

Una vez que aprendemos a absorberla y modificarla, podemos expandir nuestra consciencia hacia abajo, hacia afuera y hacia arriba. Esto nos permite extenderla cada vez más, conectándonos con las energías Terrestre,

Celeste y Cósmica para atraerlas, absorberlas y usarlas.

Cuando sienta que puede atraer la energía a su alrededor, automáticamente comenzará a moverse más lenta y pacíficamente. Se sentirá ligero, alegre, vivaz y percibirá la fuerza vital. En el Tai Chi, cuanto más se relaje y sonría a sí mismo, mayor será el contacto con su interior, y, por tanto, más gozo auténtico sentirá. Nunca se dirá a sí mismo: "Oh, tengo que practicar el Tai Chi otra vez..."

He practicado Tai Chi durante muchos años y he llegado a un punto en el que esa es realmente mi hora de recreo. Puedo prescindir de la televisión, de la bebida y de los llamados placeres de la vida, pero no de la práctica del Tai Chi. ¿Por qué mi sesión de Tai Chi es mi hora de recreo? Porque me deleito al practicarlo; me siento energetizado y feliz y percibo mi propia fuerza vital.

Muchos gozan viendo televisión o frecuentando los clubs nocturnos para beber y fumar, ya que su vida les aburre sobremanera. ¿A qué se debe esto? A que carecen de fuerza vital. Necesitan algo que los estimule y les dé lo que ellos creen que es más fuerza vital. Es evidente que están equivocados. En lugar de acumular más Chi, están desperdiciándolo. Nosotros llamamos a esto "el placer de perder energía".

Para absorber la energía, es importante comenzar con una sonrisa. Relájese, siéntase alegre y ligero en su interior. Sonría a su corazón. Descienda y conéctese con la Madre Tierra. Siéntase como un árbol y estírese hacia los Cielos. Abra las axilas. Sienta como si se ramificara para absorber la energía que le rodea.

LOGRANDO LA UNIDAD CON EL UNIVERSO

La meta definitiva del sistema taoísta y del Tai Chi consiste en lograr la unidad con el Tao y con la Naturaleza. En el Tai Chi, esto se refleja en nuestro cuerpo y en nuestra mente. Cuando nos movemos, lo hacemos como una unidad; todo se desplaza al mismo tiempo.

Si puede moverse como un todo en lugar de desplazar primero las manos y luego el cuerpo y las piernas, éstas le impulsarán y su cuerpo se moverá simultáneamente en conjunto. Su sentido de unidad corporal se incrementará gradualmente.

No sólo su cuerpo se moverá al unísono, sino que también su mente lo hará. Mantenga su mente y su intención completamente concentradas en sus movimientos. No permita que su mente divague y se divida en pensamientos aleatorios acerca del pasado o el futuro. Permanezca en el presente. Cuando se mueva hacia adelante, use su intención mental para moverlo todo hacia adelante. Cuando extienda la mano, extienda también su mente. "La mente dirige y el Chi la sigue; el Chi dirige y el cuerpo lo sigue." De esta forma, en el Tai Chi practicamos la unidad del cuerpo, el Chi y la mente.

Cuando nos conectamos desde esta unidad interna con el mundo que nos rodea y que está bajo y sobre nosotros, nos sentimos íntimamente ligados al universo. El Tao Te Ching dice: "Llevando el cuerpo y la mente y abrazando a la unidad, ¿puedes evitar la separación? Con una atención total y volviéndote flexible, ¿puedes ser como un recién nacido?".

15

Acero envuelto en algodón: Aplicaciones en las artes marciales

En el Tai Chi existen ocho fuerzas, cada una de las cuales puede usarse para la autodefensa. Las fuerzas usualmente utilizadas son: 1) el empuje descendente, 2) el empuje ascendente, 3) el desvío hacia la derecha, 4) el desvío hacia la izquierda, 5) la espiral, 6) la presa, 7) el tirón hacia atrás y 8) la creación de una fuerza de avance.

Todas ellas poseen aplicaciones prácticas en cada uno de los ocho movimientos de la forma: 1) Guardia Exterior; 2) Retroceso; 3) Presión; 4) Empuje; 5) Tirón descendente; 6) División; 7) Golpe con el codo y 8) Golpe con el hombro.

LA GUARDIA EXTERIOR

Como se explica en capítulos anteriores, en la forma del Tai Chi Chi Kung existen dos tipos de Guardias Exteriores: la Yin (que es una aplicación de la postura Sosteniendo la Bola de Chi) y la Yang. Podemos usar cada una de las ocho fuerzas en ambos componentes de la Guardia Exterior.

La Guardia Exterior Sosteniendo la Bola es un buen ejemplo de presa. Cuando colocamos ambas manos en una postura Yin de recepción, podemos recibir un golpe o patada y atraparla en una posición de bloqueo. Posteriormente y dado que nos queda una pierna libre, podemos generar una fuerza hacia adelante por medio de una patada.

Por eso es tan importante aprender a mantener el equilibrio sobre una pierna; cada vez que de un paso hacia afuera y apoye el

Guardia Exterior Yin
(Sosteniendo la Bola).

Guardia Exterior Yang

100 por ciento de su peso en una de sus piernas, debe tener en mente que la otra está libre para lanzar una patada fulminante.

En la Guardia Exterior Yang también atrapamos la fuerza, pero en el caso de un ataque Yang puede ser necesario desviar codo con codo y aplicar la presa colocando una mano bajo la barbilla del oponente y la otra en su columna. En este movimiento, la

La ruptura de la estructura y de la alineación es una de las metas principales de las aplicaciones del Tai Chi

Guardia Exterior flexiona la columna del oponente de manera antinatural y lo bloquea hasta lograr su rendición.

En las aplicaciones del Tai Chi no es necesario agarrar o sujetar al enfrentarse a una fuerza. Todo lo que se necesita es un ligero contacto con las palmas abiertas. Esto se conoce como energía manual adherente y en ella se aplica una fuerza de palanca en muñecas y codos.

En una situación de ataque típica, cuando el oponente lanza su mano hacia adelante con un golpe, debe adherirse a su muñeca y aplicar un tirón hacia atrás en el codo (para conservar el movimiento hacia adelante del oponente). Sin embargo, al igual que en todas las artes marciales, el éxito de una técnica como la adherencia de las manos en un área específica nunca está garantizado, por lo que

Dirija la fuerza del oponente hacia un lado

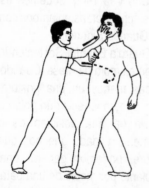

Empuje la barbilla de su adversario con la mano derecha para desequilibrar la estructura de su cuello y simultáneamente tire de sus vértebras lumbares hacia usted con la mano izquierda para quebrantar su estructura espinal.

Use la energía manual adherente en la Guardia Exterior para romper la estructura de la muñeca y la fuerza del codo de su oponente

se ejecuta una combinación de acciones múltiples para dividir la fuerza del ataque en varias direcciones diferentes.

El objetivo principal del Tai Chi es evitar que la fuerza del ataque llegue hasta usted. El ancho del cuerpo es de entre 35 y 70 cm. a lo sumo, por lo que aprovechando las ocho fuerzas con movimientos corporales bien ensayados, graciosos y coordinados, lo que inicialmente era una amenaza se convierte en una oportunidad para aplicar lo que hemos practicado en la forma.

Al usar la Guardia Exterior, la potencia se divide entre las ocho fuerzas mencionadas. Por ejemplo, puede desviar un golpe hacia la derecha y al mismo tiempo, atrapar la pierna frontal del oponente con la suya propia. Puede continuar ese movimiento con un empuje corto hacia abajo y terminar con un fuerte empuje ascendente en espiral aplicado a la cadera. Esta estrategia se basa en el principio de "divide y vencerás".

Atrape la pierna frontal del oponente con la suya propia. Esto hará que su rodilla se trabe y se extienda en exceso

Combinaciones de Guardias Exteriores

La combinación de la Guardia Exterior con el Empuje o la Presión sigue la misma secuencia: Guardia Exterior, Empuje Descendente y aplicación del Empuje o Presión en el asalto final. Para protegerse a usted mismo, sólo tiene que cuidar una área de unos 35 cm. de diámetro a su alrededor y tratar de evitar el golpe.

Guardia Exterior y Presión

1. Combinación de Guardia Exterior y Presión: desvíe suavemente el derechazo de su oponente hacia su diestra.
2. Una vez que haya neutralizado la fuerza, una su palma derecha con su muñeca izquierda.

3. Dirija hacia abajo la fuerza de su oponente. Absórbala en su pierna posterior y acumule energía para la Presión.
4. Libere la energía almacenada en su pierna posterior e impulse al atacante hacia atrás por medio del Empuje. Puede atacar con su pierna frontal y atrapar su pierna simultáneamente.

207

Guardia Exterior y Empuje

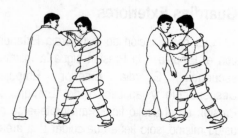

1. Utilice la Guardia Exterior y el Empuje para adherirse y desviar suavemente hacia la diestra el derechazo del oponente. Recuerde que no debe usar la fuerza: sólo debe esquivar el golpe por unos 30 cm.
2. Cuando su oponente comience a retirarse, inicie el Empuje con un movimiento descendente para atrapar su brazo contra su cuerpo.

3. Continúe con el Empuje, dirigiendo a su enemigo hacia arriba usando la fuerza en espiral de sus piernas y su columna.

EL RETROCESO

En el retroceso también se usa la fuerza de la presa para eliminar el golpe del atacante. A ésta sigue una Presión y rotación del antebrazo sobre el codo del oponente, coordinada con la fuerza en espiral de la cadera, que hace girar al adversario hasta hacerlo caer con su hombro trabado.

También es posible esquivar el golpe combinando el Retroceso con el movimiento de descenso. Este ligero movimiento autodefensivo divide el golpe y utiliza la fuerza de su oponente para alejarlo de usted.

Una aplicación más severa del Retroceso consiste en tirar del atacante hacia abajo como si estuviera azotando un látigo (en este caso, su propio brazo) para enviar un movimiento en forma de onda hacia el área del hombro. Generalmente, toda la fuerza del movimiento se deposita en las vértebras lumbares o cervicales y provoca daños graves e irreparables.

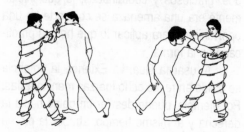

La severidad de esta técnica es similar a la que se menciona líneas arriba, en la que se coloca una mano bajo la barbilla y la otra en la columna, provocando una desviación anormal de las vértebras. En las aplicaciones del Tai Chi, este contraataque puede provocar desde una lesión moderada hasta la muerte del atacante.

LA PRESION

La presión está ilustrada adecuadamente en el trigrama K'an del *I Ching* o *Libro de las Mutaciones*: el Yang está dentro y el Yin fuera. El K'an simboliza el peligro, como el lobo con piel de oveja. En el Tai Chi representa el poder del acero envuelto en algodón. Su brazo exterior permanece muy relajado y sensible mientras su fuerza se expresa a través del brazo interior. Debido a esto, es muy difícil que su oponente perciba sus intenciones a través de su brazo exterior y el poder que libera mediante el interior es súbito e inesperado.

La Presión se aplica cuando el oponente trata de inmovilizar su brazo exterior atrapándolo contra el cuerpo de usted. Mueva su cuerpo hacia atrás para crear más espacio y una la mano posterior con el brazo exterior presionando hacia adelante. Para desarraigar a su oponente, aplique primero una fuerza hacia abajo a fin de romper su raíz y ejerza luego una fuerza hacia arriba.

La Presión se utiliza también para contrarrestar el Retroceso del oponente.

EL EMPUJE

Aunque en el Empuje parece que aplicamos una fuerza igual con ambas manos, en realidad no es así. Si lo hiciéramos, estaríamos en doble-peso. Al ejecutar este movimiento debe recordar los principios del Yin y el Yang. Si apoya su peso en la pierna derecha, la izquierda se vuelve Yang. Por tanto, su mano derecha es la que tiene el poder (Yang) y la izquierda es la mano Yin, receptiva y sensible. Su mano Yin percibirá el punto débil del oponente, de manera que su mano Yang sabrá

cuál es el lugar más vulnerable para atacar. Cuando traslada su peso hacia adelante, a su pierna derecha, el Yin y el Yang se conmutan súbitamente: la mano izquierda se vuelve Yang y la derecha se vuelve Yin. Por tanto, si su adversario se resiste ante el ataque de su mano derecha, perderá el equilibrio cuando aquélla se vuelva suave y blanda y no oponga la resistencia esperada. En ese momento, traslade el ataque a la mano izquierda y empújelo.

Algunos piensan que el Empuje no constituye una técnica marcial demasiado mortífera o efectiva, debido a que el oponente no resulta lastimado y puede reemprender el ataque. Es verdad que el Empuje puede ser muy suave y no herir al atacante. Sin embargo, en muchas situaciones puede ser lo único que se necesita para detener un ataque impulsivo. Si su oponente se da cuenta de la facilidad con la que lo aleja de usted sin causarle daño, es posible que recupere la razón y detenga la agresión. En estos tiempos, es conveniente aprender técnicas marciales que puedan someter a un adversario sin causarle daño. Si no sabe cómo enfrentar a un agresor más que pateando y golpeando, puede complicar innecesariamente las cosas.

Aparte de todo ello, si la situación merece un enfoque más agresivo, el empuje puede ser un movimiento mortífero. Un Empuje rápido, apoyado por toda su estructura, puede provocar un tremendo daño interno al oponente. La fuerza explosiva del empuje, semejante a una onda, es capaz de dislocar huesos, provocar el estallido de los órganos internos y desviar la columna. Si se enfrenta a más de un atacante, puede usar el Empuje para lanzarlos uno contra otro, estrellar a uno de ellos contra el suelo o contra un muro o árbol, o arrojarlo hacia una pendiente. ¡No subestime el poder del Empuje!

EL TIRON DESCENDENTE

Cuando su oponente da un golpe o empuja directamente hacia usted en forma horizontal, puede redirigir su fuerza uniéndose a ella y enviándola repentinamente hacia abajo. Use todo el peso de su cuerpo para aprovechar la fuerza del descenso. Esto puede provocar el desnucamiento de su adversario, por lo que debe medir su fuerza.

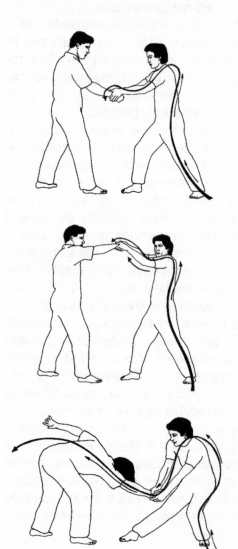

LA DIVISION

La fuerza de la División se usa en casi todas las aplicaciones del Tai Chi. En ella se utiliza el principio de "divide y vencerás". En general, cuando un oponente ataca, lo que usted hace es dividir su fuerza en tres direcciones. La pierna de usted ataca a la de él y la empuja en una dirección; una de sus manos dirige al cuerpo de él en una segunda dirección mientras su otra mano lo presiona hacia una tercera. El adversario no sabrá hacia qué lado debe girarse y caerá fácilmente (observe las ilustraciones del Azote Sencillo).

En otra de las aplicaciones de la División, la fuerza del atacante se divide en dos. Por ejemplo, si su oponente trata de empujarle con ambas manos cuando realiza el movimiento de descenso entre la Presión y el Empuje, levante los brazos, póngalos entre los de él y extiéndalos ligeramente hacia afuera como si fueran una cuña partiendo un tronco. Posteriormente podrá contraatacar con el Empuje o la Presión, el Ataque con el Codo o el Golpe con el Hombro (observe las ilustraciones correspondientes al Golpe con el Hombro nº 2).

No se expanda demasiado; lo único que debe hacer es asegurarse de que las manos de su oponente se alejen de su cuerpo. Cualquier movimiento extra resultaría excesivo y le daría a su adversario la oportunidad de percibir lo que está haciendo y tomar represalias.

EL ATAQUE CON EL CODO

Si su oponente le lanza un golpe, agarre su codo, dóblelo y empújelo hacia arriba para enviar su fuerza en la dirección contraria. Al hacer esto, puede usar el codo del oponente como palanca para golpear su barbilla, pecho, estómago o caja torácica con la punta del codo de usted. También puede entrar con esa articulación para realizar un contraataque más perjudicial.

Existen cerca de 18 técnicas diferentes en las que se utiliza el codo y otras tantas en las que interviene la palma de la mano. Un ataque con el codo es muy poderoso, en especial si logra que todo el peso de su cuerpo y su estructura apoyen a esa articulación. Puede fracturar las costillas de su oponente debido a la densidad de los dos huesos que componen el codo. Nuevamente le recomiendo que tenga cuidado al atacar con los codos, ya que es usted más fuerte de lo que imagina.

EL GOLPE CON EL HOMBRO

También puede usar el hombro como una arma efectiva contra un ataque. Si después de realizar la Guardia Exterior encuentra que la parte posterior del hombro de su adversario está expuesta, puede ahuecar su propio hombro y lanzarlo contra él. El golpe con el hombro debe lanzarse al costado o a la parte media del cuerpo del oponente.

Para efectuar este ataque, es necesario curvar los omóplatos a fin de evitar que la fuerza del impacto lo lastime a usted.

Golpe con el hombro nº 1

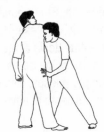

1. Desvíe hacia la derecha el ataque del oponente.
2. Ataque su pecho con su hombro derecho.

Esta es otra de las razones por las que es importante seleccionar las áreas potenciales de ataque.

En particular, si el oponente ha levantado los brazos dejando indefensos sus costados, un ligero movimiento de descenso le permitirá lanzar su hombro contra su esternón o su caja torácica.

Golpe con el hombro nº 2

1. Divida la fuerza de su oponente.
2. Ataque su esternón con su hombro.

Todo su peso se dirige desde el suelo hasta la cadera y el hombro, lo que provoca una colisión frontal entre el ángulo de su hombro y una parte vulnerable de su adversario.

Con frecuencia cometemos el error de creer que nuestros pies y manos son las únicas armas con las que contamos. En el Tai Chi debe recordar siempre que todo el cuerpo es un arma. Si el oponente agarra su muñeca o su codo, relájese; déjelo que tome su mano mientras dobla el brazo y lo ataca con el hombro. Un golpe de esta naturaleza es capaz de romper huesos, dislocar articulaciones y dejar inconsciente al adversario.

LA FUERZA DEL DESCENSO

El movimiento de descenso es muy importante para dar una fuerza efectiva a sus contraataques. Si no lo emplea, es como si tensara la cuerda del arco sólo hasta la mitad de su capacidad antes de disparar la flecha. En el Tai Chi debe acumular la fuerza en su interior hasta que tenga que liberarla. Esta restricción produce un ataque más controlado, mejor dirigido y más poderoso. El objetivo principal de la fuerza de descenso es conectarse con la tierra para dar potencia a su ataque. Por ello es importante que evite moverse hacia arriba o hacia abajo, pues si lo hace, será difícil que logre la conexión con la fuerza Terrestre.

Ejercicio en pareja para adquirir fuerza de descenso

1. Pida a su compañero que empuje su cadera desde atrás.
2. Traslade su peso hacia su pierna posterior y empuje hacia atrás con la fuerza de su pierna frontal.

La fuerza de descenso proporciona la potencia en el Tirón Descendente

EL AZOTE SENCILLO

El azote Sencillo puede considerarse como un medio para dispersar las fuerzas de un ataque en secuencia con ambas manos. Al principio, el Pico de la Grulla se clava en la muñeca utilizada por el adversario en su primer ataque (en el mismo lado del pico). El pico se usa para desviar esa mano hacia un lado enganchándola desde afuera y alejándola de un tirón.

Seguidamente, durante el movimiento de Alcanzar el Cielo, la parte interior de la otra muñeca desvía el segundo ataque del oponente desde el interior, alejándolo. En ese momento el adversario está con los brazos separados, vulnerable ante una serie de ataques dirigidos hacia la parte media de su cuerpo.

Aplicación del Azote Sencillo

1. Desvíe el izquierdazo del atacante con el Pico de la Grulla en su mano derecha.
2. Desvíe el derechazo hacia su izquierda con el movimiento de Alcanzar el Cielo.

3. Enganche su pierna frontal y tire de ella hacia usted.
4. Empuje hacia atrás su barbilla con el Empuje con una mano.

El Azote Sencillo recibe ese nombre debido a que puede usarse como un látigo. Después de una Guardia Exterior, es posible lanzar el pico para dar un "pinchazo", por ejemplo, al trapecio del oponente. Si aplica todo su peso y fuerza en el pequeño punto del pico, provocará un gran dolor a su enemigo. El pico también puede usarse para golpear en puntos vulnerables del cuerpo del oponente, como las articulaciones y las vértebras. El centro de la garganta y la ingle también son áreas letales para este ataque.

LA PIERNA CORTANTE

La Pierna Cortante se deriva del Caminar del Tai Chi. Es posible que tenga oportunidad de cortar la pierna del oponente debido a que él debe defender las tres partes de su cuerpo: superior, media e inferior. Esto puede superar su nivel de consciencia. Cuando realice el movimiento de la Pierna Cortante, su espinilla debe estar endurecida de manera que no se lastime a usted mismo. Si corta desde el frente, será espinilla contra espinilla y la más fuerte será la que venza. Para realizar este movimiento hacia el frente, ponga su pie detrás del de su adversario, gíre-

lo hacia arriba apoyándose en el talón, enganche con él la pierna de su oponente y haga el corte torciendo el tobillo con la espinilla. Puede hacer esto con la parte interior o exterior de su pierna.

Los maestros del Tai Chi utilizan esta técnica de corte para emprender un ataque doble, arriba y abajo. La Pierna Cortante se puede usar prácticamente en todos los pasos del ataque y contraataque durante la confrontación.

COMO INCORPORAR LAS APLICACIONES EN LA FORMA

Cuando practique la forma del Tai Chi en solitario, visualícese usando en forma autodefensiva cada una de las aplicaciones descritas anteriormente. Por esto al Tai Chi se le llama a veces "el boxeo de las sombras". Ello mejorará el aspecto práctico de su autodefensa con el Tai Chi y aumentará su consciencia para dirigir la energía de manera que ésta aumente en la práctica la efectividad de sus movimientos.

Existen muchas otras aplicaciones del Tai Chi, las cuales se describen con mayor detalle en el libro *Tai Chi Chi Kung II*, de próxima aparición.

16

La Danza del Tao

El Taoísmo es un modo de vida que se expresa a través del Tai Chi. La práctica del Tai Chi combina el trabajo de crecimiento del cuerpo, de la mente y de la energía equilibrando y coordinando estos aspectos de nuestro ser. Sin embargo, el Tao no finaliza al concluir la práctica. Es necesario que el proceso de unidad entre el cuerpo, la mente y la energía continúe en la vida diaria.

UNIDAD CON EL TAO

El aspecto más importante de la práctica del Tai Chi consiste en alcanzar la unidad con nosotros mismos y entre nosotros y el Tao. Esto se logra a través de varios niveles de práctica.

MUÉVASE COMO UNA UNIDAD

Si se mueve con la fuerza del Chi y permite que ésta se mueva con usted, podrá absorber y combinar la energía externa con la fuerza vital. En este nivel, la unidad con el Tao comienza cuando aprendemos a mover nuestro cuerpo en forma integrada. La sensibilización nos permite lograr la armonía entre el Chi y el cuerpo.

Las acciones de los animales inferiores manifiestan una unidad automática, mientras que los seres humanos tendemos a dividirnos al separar las manos de las piernas, la mente del cuerpo y del espíritu. Un ejemplo de ello es cuando alguien tensa sus músculos y acaba lastimándose al tratar de levantar, tirar o empujar algo. Esto se debe a que la gente no utiliza su cuerpo en forma integral. Sus mentes, manos, piernas y espaldas trabajan separadamente, lo que provoca cada año millones de lesiones de espalda, desgarramientos en las piernas y hombros dislocados.

LA CONSCIENCIA EN MOVIMIENTO

En la práctica del Tai Chi la consciencia en movimiento es muy importante. Por lo general, la gente disocia su mente y su cuerpo al hacer una cosa mientras piensa en algo completamente distinto.

En el Tai Chi nos concentramos hasta en los detalles más insignificantes de nuestros movimientos, nuestra respiración y el uso de nuestra intención mental. La práctica regular hace que esta consciencia comience a penetrar en nuestra vida diaria. Este incremento en la consciencia obtenido en la práctica hace que los peligros de la vida ordinaria –lesiones, errores y accidentes– se reduzcan notablemente.

UNIDAD CON LA NATURALEZA

La división es el signo de los tiempos, sea ésta una separación del país de origen, herencia cultural, costumbres étnicas o religiosas, sexo, edad, raza o condición económica. Como resultado, creemos ser independientes de la naturaleza e imaginamos que podemos destruir el medio ambiente sin dañarnos a nosotros mismos. Debemos darnos cuenta de que nuestra existencia depende de la capacidad de vivir en armonía y equilibrio con el universo y la naturaleza.

La función natural de las abejas consiste en polinizar, la de las bacterias, en reciclar los materiales biodegradables y la de los gusanos, en restaurar la tierra para la siembra. Si la naturaleza no contara con cada uno de sus aspectos, no existiría más que una montaña de cadáveres. Todas las cosas, desde los árboles hasta las piedras, tienen una función en la naturaleza. Sin embargo, nosotros nos

damos el lujo de olvidar el origen de nuestro propio ser.

El movimiento del Tao es un flujo continuo de Yin a Yang: el día fluye hacia la noche, el sol comparte su ciclo con la luna y el invierno conduce a la primavera. Todos estos aspectos de la naturaleza participan en un ciclo infinito y mantienen el equilibrio universal. Nosotros podemos experimentar esto al practicar el Tai Chi.

El Tao

El Tao es más que una simple filosofía o ejercicio intelectual. En realidad es todo un modo de vida, a través del cual los diversos niveles de la práctica, si se llevan a cabo plenamente, proporcionan gozo, felicidad y satisfacción.

El Tao es la forma de vivir en armonía con la naturaleza y el universo que ha guiado a la civilización china durante cinco mil años. Sin embargo, la única forma de obtener los beneficios prácticos del mismo es a través de su práctica y cultivo. En términos simples, "si lo haces, lo obtienes, si no lo haces, no lo obtienes".

El Tai Chi Chi Kung es una parte integral del Tao, que es la danza del Yin y el Yang. Todos sus principios se manifiestan en la práctica del Tai Chi Chi Kung. Si practica diariamente, se convertirá en la encarnación del Tao. El equilibrio, la armonía y la integridad estarán presentes en todo lo que haga; comenzará a moverse por la vida con Wu Wei, es decir, sin esfuerzo, no haciendo y, sin embargo, no dejando nada sin hacer.

APÉNDICE 1

Preparaciones energéticas para el Tai Chi Chi Kung

LA SONRISA INTERIOR

La Sonrisa Interior es una poderosa técnica de relajación y autocuración, en la que utilizamos la energía de la felicidad y el amor como un lenguaje para comunicarnos con los órganos internos del cuerpo. Una sonrisa auténtica transmite energía amorosa, que posee el poder de calmar, equilibrar y sanar.

Si aprende a sonreír internamente a sus órganos y glándulas, todo su cuerpo se sentirá amado y apreciado. La Sonrisa Interior comienza en los ojos y el entrecejo. Los primeros se relacionan con el sistema nervioso autónomo, el cual, a su vez, está conectado a todos los músculos, órganos y glándulas.

Siendo una de las primeras partes del cuerpo en recibir señales, los ojos hacen que la actividad de órganos y glándulas se acelere en situaciones de estrés o peligro y se normalice una vez que la crisis ha pasado. Cuando los ojos se relajan, activan el sistema nervioso parasimpático y hacen que el resto del cuerpo también se relaje.

Cuando activamos la energía amorosa, percibimos el flujo descendente de la energía de la Sonrisa Interior a lo largo de todo nuestro cuerpo, como si fuera una cascada. Esta es una herramienta muy poderosa y efectiva para eliminar el estrés y la tensión.

Cómo practicar la Sonrisa Interior

Cada fase de la Sonrisa Interior se compone de tres partes vitales. En primer lugar, debe dirigir su consciencia hacia una parte específica de su cuerpo. En segundo lugar, sonría a esa parte y envíele un sentimiento genuino de amor, gratitud y aprecio por mantener su cuerpo sano y funcionando sin problemas. En tercer lugar, sienta cómo se relaja y le sonríe esa parte de su cuerpo.

1. Asuma la postura Wu Chi (que se describe en el capítulo 5) o siéntese en el borde de una silla con las manos juntas y colocadas cómodamente en el rega-

zo. Cierre los ojos y respire normalmente. Observe su respiración hasta que se vuelva fluida, silenciosa, profunda, uniforme, tranquila y suave.

2. Relaje la frente e imagine que está en uno de sus lugares favoritos del mundo. Recuerde las imágenes, sonidos y sensaciones de ese lugar hasta que las perciba vívidamente con el ojo de su mente. Imagine que encuentra súbitamente a uno de sus seres queridos. Visualice a esa persona sonriéndole en forma adorable y radiante. Déjese acariciar por la calidez de esa sonrisa como si se tratara de los rayos del sol y absórbala con su mirada. Sienta cómo sus ojos se relajan y responden con una sonrisa.

3. Imagine el Chi curativo de la naturaleza -la fresca energía de las cascadas, montañas y océanos- como si fuera una nube dorada de energía benévola y amorosa frente a usted. Nosotros le llamamos energía atmosférica del Plano Humano Superior, mezcla del Chi Celeste y Terrestre o fuerza de las Partículas Cósmicas. Dirija la fuerza de la sonrisa de sus ojos hacia la energía de las Partículas Cósmicas que le rodea y absórbala a través del entrecejo. Sienta cómo su frente se relaja y se extiende. Gire en espiral la energía en el interior del entrecejo y perciba cómo amplifica el poder de su sonrisa.

4. Deje que la consciencia de la sonrisa fluya por sus mejillas, por los músculos de su mandíbula, su lengua, su cuello y su garganta, tranquilizando y relajándolo todo a su paso.

5. Sonría al timo y al corazón. Siéntalos abrirse como flores al amanecer y rebosar de amor, alegría y felicidad.

6. Sonría al resto de los órganos sólidos: pulmones, hígado, páncreas, bazo, riñones, órganos sexuales y aparato reproductor. Agradezca a cada uno de ellos el trabajo que realizan para mantenerlo vibrante y saludable. Con esto concluye la primera Línea de la Sonrisa Interior.

7. Vuelva la consciencia a sus ojos y recargue la energía de su sonrisa. Absorba más luz dorada de la fuerza de las Partículas Cósmicas.

8. Enrolle la lengua dentro de su boca hasta que acumule algo de saliva. Sonríale y traslade la energía de la sonrisa y de la luz dorada hacia ella para transformarla en un néctar curativo.

9. Trague la saliva en dos o tres degluciones fuertes. Haga que su consciencia la siga a través del esófago, sonriendo a su paso y sintiendo cómo el néctar curativo calma y refresca ese conducto. Continúe sonriendo al resto del tracto digestivo: estómago, intestino delgado, vesícula biliar, intestino grueso, recto, ano, vejiga, y uretra. Agradezca a esos órganos el trabajo que realizan para darle energía por medio de la ingestión, la digestión, la absorción y la eliminación.

Con esto concluye la Línea Segunda o Intermedia de la Sonrisa Interior.

10. Traslade la consciencia a sus ojos y recargue su sonrisa. Conéctese nuevamente con la luz dorada de la fuerza de las Partículas Cósmicas.

11. Sonría a su cerebro, a sus hemisferios izquierdo y derecho, al tálamo y a las glándulas pituitaria y pineal. Sonría a cada una de las vértebras de su columna, agradeciendo su labor en la protección de la médula espinal y el soporte de la estructura esquelética. Con esto

se completa la Línea Tercera o Posterior de la Sonrisa Interior.

12. Vuelva su consciencia a los ojos una vez más y recargue la energía de su sonrisa.

13. Sonría a todo su cuerpo, particularmente a aquellas partes que estén cansadas, enfermas, doloridas, débiles, vacías o tensas. Báñelas con el néctar curativo de su consciencia sonriente.

14. Finalmente, sonría a su ombligo y recoja en él toda la energía.

Hombres: Hagan girar la energía en espiral hacia afuera, de izquierda a derecha, comenzando en el centro del ombligo. Deben dar 36 giros. Cuide de que el diámetro exterior de la espiral no sea mayor que el de una toronja. Si realiza el giro por encima del diafragma, provocará un flujo excesivo de energía en el corazón y sobreestimulará sus emociones, mientras que si lo hace por debajo del hueso púbico, enviará demasiada energía a su aparato reproductor, el cual la eliminará mediante la eyaculación (o el flujo menstrual si es mujer).

Cuando haya concluido los giros de izquierda a derecha, gire 24 veces hacia adentro en la dirección contraria, terminando en el centro del ombligo.

Mujeres: Gire en espiral de manera similar a la descrita en la sección anterior, pero comience girando de derecha a izquierda, hacia afuera desde el ombligo, y gire luego hacia adentro de izquierda a derecha.

LA MEDITACION DE LA ORBITA MICROCOSMICA

Esta meditación despierta, dirige y hace circular el Chi por el Canal Gobernador, que asciende desde la base de la columna hasta la cúspide de la cabeza, y por el Canal Funcional (también llamado Vaso de la Concepción), que corre por la parte frontal del cuerpo. La práctica dedicada de este antiguo método esotérico elimina el estrés y la tensión nerviosa, da energía a los órganos internos, restaura los tejidos dañados y genera un sentimiento de paz y bienestar.

Las meditaciones del sistema de la Orbita Microcósmica también fortalecen el Chi Original y nos enseñan las bases de la circulación del mismo, al tiempo que abren las palmas de las manos, las plantas de los pies, el entrecejo y la cúspide de la cabeza. Estos lugares específicos son los puntos principales en los que podemos absorber y condensar la energía para transformarla en fuerza vital nueva y fresca.

Cómo practicar la meditación básica de la Orbita Microcósmica

En los Clásicos del Tai Chi se dice que "La mente dirige y el Chi la sigue". Por tanto, cuando concentra su atención en un lugar específico de su cuerpo, activa automáticamente el Chi de ese sitio. El simple acto de la atención le hace unir conscientemente su cerebro con los receptores sensoriales propios de esa área. El sistema nervioso, a su vez, provoca cambios locales en la circulación capilar, la actividad muscular y el flujo linfático.

Todos los movimientos en esos sistemas requieren energía. Nosotros llamamos Chi a esa energía. Las sensaciones que provocan los cambios energéticos pueden ser sutiles o espectaculares. Dichos cambios se caracterizan por producir sensaciones como calor, escozor, pulsaciones, expansión, vibraciones o efervescencia. Es posible que experimente una o más de ellas, dependiendo de su sensibilidad y experiencia en la meditación y el Chi Kung. No se preocupe si al principio siente muy poco o nada. Simplemente concentre su atención en cada punto; el Chi se moverá aún si no lo percibe.

Con la práctica, comenzará a sentir su movimiento con mayor viveza.

1. **Comience con la Sonrisa Interior**. Asuma la postura Wu Chi (consulte el capítulo 5) o siéntese en el borde de una silla con las manos juntas y colocadas cómodamente en el regazo, como hizo en la meditación de la Sonrisa Interior. Cierre los ojos y respire normalmente. Observe su respiración hasta que se vuelva fluida, silenciosa, profunda, uniforme, tranquila y suave.

   Sonría a las líneas frontal, media y posterior para relajar y armonizar su cuerpo, su respiración y su mente. Al concluir, sonría al Tan Tien, pero no recoja la energía.

2. **Active el Chi Original del Tan Tien inferior**. Concentre su atención en esa parte y respire naturalmente desde el abdomen. Use su intención para crear una sensación de calidez en el Tan Tien inferior. Perciba a éste último como el depósito de su Chi Original, que es la batería principal de todo su sistema energético. Imagine que cada respiración es como un fuelle que aviva el fuego que hay en el Tan Tien inferior. Mantenga allí su consciencia hasta que sienta que se llena de Chi.

3. **Comience a trasladar la energía por el Canal Funcional**. Lleve su consciencia al ombligo y concéntrese en él hasta que sienta que la energía se ha con-

centrado en ese punto. Luego, dirija su atención al centro sexual (Palacio del Esperma o de los Ovarios, según sea el caso). Cuando sienta que ha acumulado la suficiente energía en ese lugar, proceda en forma similar con el perineo (la Puerta de la Vida y de la Muerte).

4. **Dirija la energía a través del Canal Gobernador**. Cuando haya acumulado la suficiente energía en un punto, traslade su consciencia al siguiente. Concentre la energía en cada uno de los puntos que hay entre el perineo y la cabeza: coxis, sacro, puerta de la Vida, T-11, Cojín de Jade, Cúspide de la cabeza y entrecejo (Tercer Ojo).

5. **Conecte ambos canales**. Traslade su atención hacia la punta de su lengua y haga que ésta toque el paladar para unir los dos canales de la Orbita Microcósmica. Presione la lengua contra el paladar y suéltela. Repítalo de 9 a 36 veces. Esto activa el punto del paladar y permite que la energía fluya por el Canal Funcional.

6. **Complete la circulación en el Canal Funcional**. Dirija su atención a cada punto del Canal Funcional: el centro de la garganta, el del Corazón, el plexo solar y el ombligo. Esto completa un ciclo de la Orbita Microcósmica. Es posible que el Canal Funcional le produzca menos sensaciones, ya que en él existen varias rutas paralelas por las que desciende la energía, lo que hace que ésta se vuelva más difusa.

7. **Continúe recorriendo la Orbita Microcósmica**. Haga circular la energía por todo el ciclo cuando menos 9 o 10 veces. A medida que vaya adquiriendo experiencia, podrá incrementar el núme-

ro de recorridos hasta 36, 72, 108 o 360. Probablemente sienta que la energía se mueve por sí misma en un momento dado. Esta es una buena señal y si se presenta, no trate de contenerla. Simplemente déjela fluir a su propio ritmo.

Conéctese con el Chi del Cielo, de la Tierra y del Hombre

1. Una vez que haya abierto la Orbita Microcósmica, abra las plantas de sus pies hacia la tierra y permita que la Energía Terrestre ascienda por sus piernas hasta el perineo para unirse a la Orbita Microcósmica. Quizás el ojo de su mente perciba esta energía como una luz fresca de color azul.

2. Cuando la energía llegue a la parte alta de su cabeza, abra el punto de la Cúspide de la cabeza para recibir la Fuerza Celeste y unirla a la Orbita Microcósmica. Posiblemente la experimente como una luz cálida de color violeta que desciende de la Estrella Polar.

3. Cuando la energía llegue a su entrecejo, relaje la frente y conéctese nuevamente con la fuerza de las Partículas Cósmicas que experimentó en la Sonrisa Interior. Permita que esta luz dorada se una a la Orbita Microcósmica.

4. Cuando termine, dirija la energía hacia el ombligo y recójala girándola 36 veces hacia afuera y 24 hacia adentro, como hizo al concluir la meditación de la Sonrisa Interior.

Dedique por lo menos una o dos semanas a completar la Orbita Microcósmica antes de comenzar el estudio del Tai Chi Chi Kung. Lea los libros *Despertar*

de la energía curativa a través del Tao o Despertar la Luz Curativa a través del Tao, en especial las secciones de preguntas y respuestas. Su contenido le ayudará tremendamente durante toda su vida.

Qué hacer si tiene dificultades para completar la Orbita Microcósmica

Algunas personas tardan más tiempo que otras en completar la Orbita Microcósmica, dependiendo de su nivel de energía, estado general de salud, número de obstrucciones en los canales y el tiempo necesario para eliminar cada una de ellas.

1. Si después de dos semanas aún no ha completado exitosamente toda la Orbita Microcósmica, invierta el flujo de energía, un centro cada vez a partir del último punto alcanzado.

2. Dedique más tiempo a la Puerta de la Vida.

3. Envíe la energía hacia los puntos de los Riñones en las plantas de los pies, a través del perineo y la parte posterior de las piernas.

4. Regrese al perineo avanzando por la parte interior de sus piernas.

5. Ascienda hasta el centro sexual, el ombligo y el plexo solar. Concéntrese en éste último durante una semana.

6. Avance hasta el punto del Corazón y concéntrese en él durante una semana.

7. Avance hasta el punto de la Garganta y dedíquele una semana.

Este procedimiento abrirá el Canal Funcional. Una vez que lo haya abierto, traslade la energía a la punta de su lengua para unir esta ruta con el Canal

Gobernador. La energía deberá circular adecuadamente por su Orbita Microcósmica. Si no es así, concéntrese durante una semana en cada uno de los puntos de la columna que presenten obstrucciones. Esto le permitirá alcanzar el éxito.

MEDITACION EN PIE DEL CHI KUNG CAMISA DE HIERRO

El Chi Kung Camisa de Hierro es uno de los aspectos marciales del Tao Curativo. Al mismo tiempo, constituye una base importante para el trabajo espiritual y curativo. El Chi Kung Camisa de Hierro desarrolla nuestro poder interno y acondiciona nuestro cuerpo mediante técnicas sencillas que generan y almacenan el Chi. Dichas técnicas también nos ayudan a arraigarnos con la energía de la tierra, lo que mantiene a nuestro cuerpo centrado y equilibrado.

El entrenamiento del Chi Kung Camisa de Hierro presenta muchos aspectos. En esta sección explicamos únicamente los fundamentos necesarios para la práctica del Tai Chi Chi Kung.

Para dominar completamente la Camisa de Hierro, debe recibir la instrucción personal de un instructor cualificado. Asimismo, puede consultar los libros *Chi Kung Camisa de Hierro* y *Nei Kung de la Médula Osea*.

Fundamentos del Chi Kung Camisa de Hierro: el Abrazo del Arbol

1. Ponga sus pies paralelos y sepárelos a una distancia equivalente a la existente entre su rodilla y la punta de su pie.

Doble las rodillas ligeramente, como si fuera a sentarse. Gire suavemente las piernas hacia fuera como si las atornillara al suelo. Empuje el sacro y el coxis hacia adelante hasta que sienta que sus pies presionan con fuerza hacia el suelo. Curve los omóplatos, relaje el pecho y mantenga la cabeza erguida. Coloque los brazos como si rodearan a un árbol. Mantenga los codos hundidos. Dirija los pulgares hacia arriba y haga que los demás dedos se apunten entre sí. Sepárelos suavemente hasta que los tendones se encuentren tensos, pero no demasiado. Equilibre su peso en el punto de la Fuente Brotante. Perciba cómo toda su estructura esquelética se alinea perfectamente con la fuerza de gravedad.

2. Permita que su cuerpo se balancee ligeramente de atrás hacia adelante y de un lado a otro para abrirse y permitir que ascienda la Energía Terrestre.

3. Practique la Respiración de Fuelle: al inhalar, presione hacia abajo el diafragma y expanda la parte baja del abdomen, los costados y la espalda al nivel de la cintura. Al exhalar, eleve el diafragma y tire hacia adentro del estómago. Haga que cada respiración completa (inhalación y exhalación) dure aproximadamente un segundo. Repita 18 o 36 veces.

4. Ejecute todos los pasos de la Orbita Microcósmica en esta postura. Si sus brazos se cansan, puede bajarlos, pero conserve su estructura circular.

5. Practique la Respiración Osea y la Limpieza de la Médula (descritas en capítulos anteriores).

6. Finalice recogiendo la energía en el ombligo.

APÉNDICE 2

La fisiología del Tai Chi
por el Dr. Albert L. Chan

El antiguo arte marcial del Tai Chi se desarrolló tras muchos años de experiencia y práctica. Sin embargo, los avances experimentados por la ciencia en Occidente han hecho que muchos cuestionen las bases del vasto incremento de poder que se alcanza con su ejecución. Para aquellos que insisten en "hasta no ver, no creer", incluimos el principio de una investigación científica realizada por el Dr. Albert L. Chan.

LA ESTRUCTURA INTERNA

El esqueleto humano, considerado como un sistema, es, de hecho, un medio de transporte biomecánico. La fuerza mecánica sólo puede trasladarse de un extremo al otro del sistema si todos los componentes involucrados mantienen una alineación correcta (de ahí la importancia de la estructura). El Tai Chi ha evolucionado a partir del estudio de la coordi-nación y la estructura del movimiento, de manera que la fuerza de las piernas puede trasladarse a la pelvis, a la base de la columna, a cada una de las vértebras, a los omóplatos y finalmente, a los antebrazos y las manos, que son su destino final en la autodefensa. Una mala postura o una alineación inadecuada restringen el flujo de este poder.

Dado que las piernas, que son los miembros que generan el poder, poseen los músculos más fuertes y grandes del cuerpo, la fuerza que pueden transmitir al brazo atacante es tremenda. Esta energía puede usarse para arrojar al oponente a varios metros de distancia o incapacitarlo, al ejercer un poderoso empuje o golpe.

La forma del Tai Chi evolucionó como una manera de dirigir y concentrar la energía de los puntos de poder específicos del cuerpo mediante el uso de la estructura. Las técnicas desarrolladas son relativamente fáciles de dominar, pues en ellas se entrena cuidadosamente cada parte del cuerpo para realizar sólo unas cuantas funciones.

Dado que las piernas son las fuentes del poder, éstas controlan el equilibrio y los impulsos hacia atrás y hacia adelante de los movimientos. La cadera gobierna el movimiento de rotación de todo el tronco, al igual que las piernas. Esta fuerza desempeña una función particularmente importante al usar esta acción circular para redirigir el ataque de un oponente. Cuando se enfrenta una fuerza directa, en lugar de ejercer el poder necesario para superar y redirigir la fuerza, la acción circular utiliza el propio poder del ataque y le da continuidad desviándolo y alejándolo del cuerpo.

La columna transfiere el poder de la cadera a los omóplatos debido a que puede torcerse y flexionarse de manera controlada y adaptable. Sin embargo, si está torcida o curvada en forma antinatural, la cantidad de energía que puede transferir se reduce. Los omóplatos controlan el flujo de este poder y el movimiento de los brazos mediante una cuidadosa colocación con relación a la columna. Cuando la cadera, la columna y los omóplatos se mueven como una unidad, generan una fuerza integrada más poderosa que sus componentes individuales.

Los brazos se usan para percibir la fuerza del atacante e iniciar el proceso en el que se recibe y se desvía una parte de dicha fuerza, según corresponda.

Todos los miembros del cuerpo deben estar relajados para sentir la fuerza de ataque y reaccionar sin resistencia. Si el brazo u hombro está tenso, el tiempo de reacción aumenta y simultáneamente, la transferencia eficiente de poder a través del cuerpo se reduce. Esto hace que la estructura absorba una menor cantidad de la fuerza del ataque. En contraste, si el cuerpo está relajado, la cantidad de poder generado se incrementa.

Un buen ejemplo de esto es un empuje sencillo. La estructura recoge la fuerza del empuje de las piernas contra el suelo, del giro de la cadera, de la flexión de la columna y de la extensión de los hombros. El poder total se incrementa en cada punto a medida que asciende por el cuerpo hasta el brazo u hombro con que se realiza el ataque. La cantidad de fuerza que llega a la mano o al puño que empuja es mucho mayor que la que se genera sólo en las piernas.

La estructura se usa también como palanca para desviar o dispersar un poderoso golpe o empuje del oponente. Es posible redirigir el empuje hacia otra dirección (desvío) o absorber gran parte del mismo en la estructura a través de la columna y enviarlo hacia las piernas para dispersarlo en el suelo sin que cause daño al practicante. Esta es la esencia del arraigo. La alineación adecuada de la estructura corporal proporciona una ruta por la que fluye esa gran fuerza, al tiempo que suministra energía adicional a otros puntos del cuerpo para efectuar el contraataque.

La forma del Tai Chi Chi Kung

El Tai Chi se compone de ocho movimientos básicos: Guardia Exterior, Retroceso, Presión, Empuje, Tirón Descendente, División, Golpe con el Codo y Golpe con el Hombro. Una vez que el practicante comprende y aplica los principios básicos, puede utilizar otras técnicas igualmente efectivas.

En el Tai Chi se usa la gravedad y la fuerza de palanca de las piernas para hacer que el adversario pierda el equilibrio. Un aspecto importante de la práctica consiste en evitar el desplazamiento del centro de gravedad hacia arriba o hacia abajo, pues esto consume una cantidad considerable de energía e interfiere con la suavidad de los movimientos estructurales.

La estructura humana es como una pelota de goma. Cuanto mayor sea la fuerza con que se la golpee, más dará de sí (descenso) y mayor fuerza ejercerá contra el oponente al recuperarse. A fin de cuentas, la pelota tiene la ventaja, ya que el atacante se agota mientras aquélla absorbe su fuerza de ataque.

Los tendones

Para mantener la postura correcta en el Tai Chi es necesario utilizar la menor cantidad posible de energía para soportar la máxima cantidad de fuerza de ataque. Además, en una buena postura de Tai Chi se usan los tendones y no los músculos para mantener un arraigo y poder adecuados.

Cuando el practicante gira la cadera a la izquierda al realizar un movimiento de Retroceso, su muslo izquierdo gira hacia la misma dirección. Dado que el pie izquierdo permanece fijo en el suelo y que la rodilla es prácticamente una articulación tipo bisagra (es decir, que no puede girar), toda la pierna izquierda se tuerce, lo que hace que los tendones se enrollen en los huesos, estirándose.

Los tendones son flexibles y elásticos. Esto hace que puedan almacenar energía al estirarse y enrollarse como si fuesen una banda de goma. Particularmente, los tendones de Aquiles, que se localizan en los tobillos, son los más largos de nuestro cuerpo y pueden almacenar la energía de un empuje de más de 450 kilogramos. El Retroceso a la izquierda almacena una cantidad considerable de energía en los tendones de la pierna izquierda. Posteriormente, la energía almacenada se libera en el cuerpo cuando la pierna

se desenrolla y lo hace girar hasta la postura de la Presión. De esta forma, la energía se almacena o se acumula en el Retroceso y se libera en la Presión. Esto se aplica a casi todas las transiciones de Yin a Yang de la forma del Tai Chi.

Los tendones actúan como resortes. Una postura correcta puede absorber y redirigir la fuerza como lo hacen los muelles de suspensión de un automóvil. En cierta forma, los tendones conservan y reciclan la energía que de otra forma se desperdiciaría.

Los lanzadores del béisbol utilizan una técnica similar al lanzar su cuerpo y su cadera tan arriba como pueden antes de lanzar la pelota. De la misma forma, en la mayoría de las artes marciales, el cuerpo realiza una torsión completa antes de lanzar la patada o el golpe. Sin embargo, la ventaja clave del Tai Chi es su amplio uso del poder de los tendones.

Este poder se utiliza en toda la forma del Tai Chi. Por ejemplo, en el movimiento del Azote Sencillo con la mano derecha, la pierna de apoyo (la derecha) gira a unos 40 grados o más, mientras que el pie permanece fijo en el suelo. La energía se almacena en los tendones de la pierna y se libera para ayudar al cuerpo a desenvolverse y lanzar el golpe con la mano derecha al extender el pico.

Para ilustrar esta afirmación, mantenga la postura del Azote Sencillo con la mano derecha sin lanzar el golpe. Si levanta la pierna izquierda hasta separarla del suelo, su pierna derecha se desenrollará en forma natural y liberará la energía almacenada para hacer girar su cuerpo hacia la izquierda.

Los tendones se usan también para absorber y rebotar el poder del empuje del atacante. Cuando alguien empuja las manos del practicante mientras éste se encuentra en la postura de la Presión, la fuerza se traslada de su mano al codo y una parte de la misma se usa para estirar el tendón del tríceps. El resto de la fuerza viaja hacia los hombros, que también consumen una parte de ella a través de los tendones que rodean los omóplatos. Cuando la fuerza restante se traslada por la columna y la parte posterior de la pierna, es absorbida por los tendones que ayudan a soportar esas áreas. Toda la fuerza no usada se transmite al suelo a través de los nueve puntos del pie. Habiendo absorbido de esa forma el poder de su oponente, el practicante puede liberar su energía almacenada junto con su propio poder muscular adicional y ejercer un contraataque mucho más poderoso. La presión ejercida de esta manera puede hacer que el oponente pierda el equilibrio y puede lanzarlo a varios metros de distancia.

Investigación

Las investigaciones recientes realizadas entre corredores han confirmado que los tendones de las piernas (especialmente el tendón de Aquiles) incrementan la eficiencia del paso. Los tendones absorben la energía del aterrizaje y la liberan en el siguiente impulso. Si los tendones no fueran elásticos, el atleta necesitaría tres veces más energía para correr la misma distancia.

Este efecto se aprecia con mayor claridad en los animales cuadrúpedos, como los caballos y camellos. Sus patas posteriores se componen principalmente de tendones que maximizan la eficiencia de sus pasos y mejoran la conservación de la energía.

Además, el autor de este artículo ha comprobado (en una disertación doctoral) que, gracias a su elasticidad, los tendones de la mano incrementan la velocidad máxima de un golpe hacia adelante hasta en un 6 por ciento, lo que equivale a un aumento del 12 por ciento en el poder del impacto.

Conclusiones

En el Tai Chi se usa la postura correcta para distribuir la energía en todo el cuerpo, redirigir la fuerza y trasladarla al suelo. Si es necesario, la estructura recoge la energía de los tendones y músculos y la concentra en un punto de golpeo.

Además del asombroso poder que se controla en el Tai Chi, éste fomenta la buena salud física debido a que ejercita la columna, la cadera, las piernas y los brazos, así como los tendones, los músculos y las articulaciones correspondientes. Asimismo, capacita a la mente para generar una fuerza vital (llamada Chi) dentro del cuerpo. El ejercicio físico y mental se complementan entre sí y dan una larga vida al practicante.

El Tai Chi es un arte en el que se aplican los fundamentos del movimiento y la estructura corporal. En esa disciplina, el poder se concentra y se canaliza dentro del cuerpo para propósitos de autodefensa, que se expresan óptimamente en términos del uso eficiente de la energía.

Albert L. Chan ha practicado y estudiado Tai Chi Chi Kung y Meditación Taoísta con el Maestro Chia durante 14 años. Asimismo, ha estudiado Wing Tsun Chuan durante 12 años. Es doctor en Física y tiene un Master en Informática. Actualmente, el doctor Chan investiga los aspectos físicos del deporte. Está particularmente interesado en el análisis de las artes marciales y los deportes.

BIBLIOGRAFIA

Chia, Mantak and Maneewan.
Awaken Healing Light of the Tao
Huntington, NY: Healing Tao Books, 1993.
(*Despierta la energía curativa a través del Tao.*
Editorial Mirach. Madrid. España).

Chia, Mantak and Michael Winn.
Taoist Secrets of Love:
Cultivating Male Sexual Energy.
Santa Fe, NM: Aurora Press, 1984.
(*Secretos taoístas del amor: cultivando la*
energía sexual masculina. Editorial Mirach.
Madrid. España).

Chia, Mantak.
Taoist Ways to Transform Stress into Vitality.
Huntington, NY: Healing Tao Books, 1985.
(*Sistemas taoistas para transformar el stress*
en vitalidad. Editorial Sirio. Málaga. España).

Chia, Mantak and Maneewan.
Iron Shirt Chi Kung I.
Huntington, NY: Healing Tao Books, 1986.
(*Chi Kung camisa de hierro.* Editorial Sirio.
Málaga. España).

Chia, Mantak and Maneewan.
Bone Marrow Nei Kung.
Huntington, NY: Healing Tao Books, 1989.
(*Nei Kung de la médula ósea.* Editorial Sirio.
Málaga. España).

Chia, Mantak and Maneewan.
Fusion of the Five Elements I.
Huntington, NY: Healing Tao Books, 1989.
(*Fusión de los cinco elementos.* Editorial Sirio.
Málaga. España).

Chia, Mantak and Maneewan.
Chi Nei Tsang: Internal Organs Chi Massage.
Huntington, NY: Healing Tao Books, 1990.
(*Chi Nei Tsang: Masaje de los órganos inter-*
nos). Editorial Mirach. Madrid. España).

Cleary, Thomas, trans.
The Taoist I Ching.
Boston: Shambhala, 1986.

Horwitz, Tem and Susan Kimmelman with
HH. Lui
T'ai Chi Ch'uan: The Technique of Power.
Chicago: Chicago Review Press, 1976.

Lee, Ying-Arng.
Lee's Modified Tai Chi Chuan for Health.
Hong Kong: Unicorn Press, 1968.

Liao, Waysun.
Tai Chi Classics.
Boston & London: Shambhala, 1990.

Lo, Benjamin Pang Jeng, with Martin Inn, Robert Amacker and Susan Foe (traslators and editors).
The Essence of T'ai Chi Ch'uan:
The Literary Tradition.
Richmond, CA: North Atlantic Books, 1979.

Jou, Tsung Hwa.
The Tao of Tai-Chi Chuan.
Rutland, VT: Charles E. Tuttle Co., 1980.

Olson, Stuart Alve (compilar) and Gerald Kuehl (editor).
Imagination Becomes Reality:
The Teachings of Master T.T. Liang.
St. Cloud, MN: Bubbling Well Press, 1986.

Wang Peisheng & Zeng Weiqi.
Wu Style Taijiquan.
Hong Kong: Hai Feng Publishing Company, 1983.

INDICE

Para más información sobre los cursos impartidos en los centros, y también sobre los libros, posters, tarjetas, etc., pueden ponerse en contacto con:

Universal Tao System
274 Moo 7, Luang Nua, Doi Saket,
Chiang Mai, 50220 Thailand
Tel: (66)(53) 495-596
Fax: (66)(53) 495-853

www.taogarden.com
e-mail: info@tao-garden.com

Existen también centros curativos Tao en los siguientes lugares:

Tucson, AZ	Montvale, NJ	Boston, MA
San Diego, CA	Florida	Ithaca, NY
San Francisco, CA	Hawaii	Rochester, NY
Los Ángeles, CA	Washington, DC	Toronto (Canadá)
Francia	Bonn (Alemania)	Londres (Inglaterra)

Otros títulos publicados sobre el Tao Curativo

En esta obra puede descubrir una de las muchas maneras de disciplinar nuestro cuerpo y de liberar nuestra tensión interna, así como una forma de permitir que nuestro cuerpo nos enseñe, nos acompañe y nos ayude a superar los conflictos con que tropezamos todos los días.

Este libro nos conducirá hacia la comprensión de una filosofía basada en el principio universal de la dualidad, comprensión que despertará pensamientos que han estado dormidos en nosotros desde un pasado muy lejano y a través de los cuales iremos desarrollando una cierta sensibilidad que nos hará consciente de las energías presentes en nuestro entorno.

Un manual que se inserta en la antigua y siempre actual Tradición China, cuyo contenido refleja, a través de todos los ejercicios que se exponen en el mismo, el camino indispensable a seguir por todo aquel que quiera «progresar» y formar parte integrante de la realidad universal.